知的生きかた文庫

マーフィー 100の成功法則

大島淳一

三笠書房

マーフィー　100の成功法則◎もくじ

1章　あなたの〝成功の種〟は芽を出すのを待っている！

2章 奇跡を起こすには、この〝想像力〟さえあればいい！ 49

3章

お金が自然に集まる〝不思議な力〟を手に入れる！

4章 〝良質の暗示〟はどんなクスリよりも効果がある！

5章 あなたは眠りながら成功できる！　151

6章 こんな前向きな人には、なぜか〝いいこと〟ばかり起こる！　167

7章 「なりたい自分」になるのは、こんなに簡単だった！ 203

はじめに……

世界中の成功者が実証している
あなたに奇跡を起こす「マーフィー理論」の力！

私がマーフィー博士の著書を知るようになったのは、二十五、六歳の頃だったでしょうか。その当時、私は留学生としてロンドンにいたのですが、ふと通りかかった本屋で、『マーフィー　あなたも金持ちになれる』（和田次郎訳、三笠書房・知的生きかた文庫）の原本を手に取ってみたのです。そして、一、二ページをパラパラと立ち読みしたら、ピーンと私の心に触れるものがありました。早速買って、ひといきに読んだのですが、その時の感激は忘れられません。

それからゆっくりと、一日二、三ページずつ読み返して、イギリスにいる間だけでも五、六回読んだと思います。そして、私が長いことさがし求め、漠然と予知していたものが、宇宙の真理であると確信するにいたりました。その後も私は東西の哲学書、宗教書に親しんできましたが、すべて一つの真理を指向しているように思われます。

私がなぜ単なる学術以上の人生の真理を求めるようになったのか、その体験を少し述べて参考に供しましょう。

聖パウロは神の出現を見、ルターは友人の雷電死を見て宗教的回心を体験したのですが、凡人である私はそのようなドラマティックな事件は体験しませんでした。しかし、私のように外的な大事件に出会ったことのない人間の体験の方が、かえって多くの人の参考になるのではないでしょうか。

私が不思議だったのは、豊かで幸福な人と知能指数がほとんど関係ないらしいこと、良心的でまじめということも富や幸福とあまり関係がないこと、さらに大学も上級になったり、大学院になったりすると、頭のよさがかえって成功と関係が少なくなるといったことです。実際、こうした多くの例を自分の目で見てきました。

個人的な例を出しますと、私の父は昔風の長男として育てられた人で、わがままで怠惰でしたが、かなり幸福そうで長命でした。母は仏様のようにやさしく、正直で、勤勉でしたが、ほとんど安らかな日を送ることもなく、悪性の病気で死にました。私の近親者や知人を見ましても、正直で人がらがよい者、頭のよい者が、必ずしも幸福度、成功度が高くありません。私の中学・高校時代の級友を見ても、神童必ずしも学業に成功せず、富裕の者必ずしも富裕感のある生活をしていません。

これは、たいへん不公平なことではないでしょうか。私は、学生時代にこのような人生の不思議さを哲学教授に尋ねました。その教授は、「この世における矛盾、正なる者、義なる者が必ずしも幸福ではないこと、このことが死後の世界がなければならないと推測する最も有力な根拠の一つだ」とお答えになりました。

その時、その教授はカントだったかゲーテだったかの言葉を引用されて、「この世で正しい者がいかに不幸かを見ただけで、死後の審判があることは確実だ」と言われました。

私はその時はそれで納得したのですが、だんだん、この世においても正にして義、しかも幸にして福なることはできないものかと「虫のいいこと」を考え始めたのです。

これは、後からふり返ってみると、たいへん正しい方向に自分の考えが向いたのです。そして、ダーウィンが、「学問で成功するのは、頭のよしあしよりは、むしろ心的態度の問題である」と言っているのを見つけた時、私は一つの光を見た気がしました。

ダーウィンと言えば、進化論を実証してみせた人類最大の頭脳の一つです。しかし、その人が大学を出るまで学校の成績はいっこうにふるわず、父親も「妹の方が男の子であったら」というぐらいの鈍才だったのです。

このダーウィンの言葉の「学問」というところを、「人生」あるいは「仕事」と置き換えてみたらよいのではないか——というのが最初のアイデアでした。「人生（仕事）で成功するのは、頭のよしあしよりは、心的態度である」と。

これをさらにつきつめていけば、すべては心的態度である、ということになります。そしてこの心的態度は、「まじめであれ」とか、「正直であれ」とか、「勤勉であれ」とか、「意志強くあれ」とかという修身や道徳の教えるものと別物であることは確かです。

私はライプニッツ以降のドイツ哲学に深い関心がありましたが、それが志向するところは、つまり宇宙全体を精神と見るところだと思います。この意志と表象としての宇宙を、フロイト、ユング以降の潜在意識学と結びつけた時、はじめて実践可能な哲学的世界観が生ずるのではないか――このような見通しを持ち始めた時に、マーフィー博士の著書に触れたわけなのです。

お金もうけの本というのは、留学生が勉強する本ではないと考えられていました。しかし、私はアングロ・サクソン人、つまりイギリス、アメリカなど英語を話す国民が世界を支配するようになったのは、富に対する考え方が進んでいたからではないか、と思って英米人の致富術に関心がありました。

そして、マーフィー博士の「金もうけ術」は、人間の心的態度に関する最も深く、最も実践的な本だったのです。私は心からこの本と、この著者を発見したことを喜びました。

私は極貧の状態で大学を出ました。生まれつきの頭脳は中の上ぐらいだったことは、小学校や中学校で中の上ぐらいの成績であったことから明らかです。体も生まれつき弱く、小学校の上級の頃は体操を禁じられていたこともあります。

その私が、今ふり返ってみると、日本の大学や大学院のみならず、富豪の息子ですら海外渡航がむずかしかった頃に、貴族的とも言えるヨーロッパの大学に留学し、さらにアメリカでも研究し、学位までとることができたのは、奇跡とでも言うよりほかありません。

そして、これという病気もせず、常に健康で真冬でも風邪をひくことはありません。そして、十分に富み、十分に幸福で、私立や国立の大学で教えるほか、心ゆくまで自分の研究に没頭しています。私が今日あるのは、生まれつきの知能によるのでもなく、体力によるのでもなく、親の富によるのでもなく、一にかかって私の「心的態度」にあったと思います。私はたえずよい先生、よい友人に恵まれてきました。この人たちは、いまも私を助けてくれています。

本書はマーフィー博士のエッセンスを集めたものです。マーフィー博士の言葉のうち、最も重要なものを百個抜き出し、それを、マーフィー博士の言葉や、私の言葉で解説したものです。

ここにあげられている多くの例は、それがいかに不思議に思われ、奇跡のように見え、あるいは偶然のように見えても、すべてマーフィー博士か大島淳一が直接知っている事実であることを銘記したいと思います。

この語録は、一つの真理の多くの面を、実践可能という見地から、百回繰り返していいます。マーフィー博士の潜在意識の理論は、元来、非常に高度なものです。ですから、何度も繰り返して読むことが必要です。私もこの本を書いている間、同じ真理の繰り返しをいといませんでした。

そしてあなたが、この本をゆっくり繰り返しながら読み、二十回目ぐらいに読み返す時には、今とは非常に違った状態にあるはずです。読み終わったら、表紙裏にでもその日付を書き込んでおいてください。一回読み返すごとにあなたは精神的にも物質的にも向上していっていることが歴然とわかるでしょう。

読者の方はさまざまな職業、境遇にあって、それぞれさまざまな願望をお持ちのことでしょう。あなたの願望がいかに変わったものでも、また高いものでも、潜在意識にうまく引き渡すならば、必ず十分以上の形で実現されます。

あなたも栄えている人間の仲間入りをしてください。幸福な人、豊かな人、成功した人の仲間入りをしてください。幸福な人、豊かな人、成功した人は、その人が意識する、しないにかかわらず、潜在意識の法則を実践したのです。

もしあなたがいままで、十分に幸福でなく、十分に富裕でなく、十分に成功していないとすれば、それはあなたが十分に潜在意識を使っていないからです。その使い方のテクニックをこの本から学んでください。それは努力を要しない、「眠りながら」できるものなのです。

マーフィー博士の教えは、理論的にわかればわかるほど、実際的な効き目が早く、確実になります。もちろん理論が苦手の人は、潜在意識にまかせる気さえあれば十分です。

この小さい本が、あなたに精神的・物質的富を流れ込ませることを確信しつつ。

1章

あなたの〝成功の種〟は芽を出すのを待っている！

1

あなたの中には幸運を引き寄せる〝磁場〟がある！

よいことを思えば、よいことが起こる。
悪いことを考えれば、悪いことが起こる。

自分とは、いったい何だろう――あなたも時にそう考えることがありませんか。自分は山田太郎の息子だ、とか、○○会社の社員だとか、××大学の学生だとか、いろいろな答え方があるでしょう。

しかし、もっと根本的に「自分とは何か」と考えつめていくと、「自分とは今、自分が考えていること、感じていることそれ自体だ」ということになるでしょう。

自分が幸福で心がわくわくしているような時、それがあなたなのです。自分がみじめで、不幸で、どうしようもないと感じている時、それがあなたなのです。あなたが何かよいことを考えている時、その考えがあなたなのです。あなたが何か悪いことを考えている時、それがあなたなのです。

ですから、「あなた」という固定したものは、本当はないのです。あなたは常に選択をせまられているのです。あなたはいつも「よいことを考え、幸せを感じている人」なのか、「悪いことを考え、不幸と感じている人」なのか、どちらにせよ、自分で選んでいるのです。

あなたは、どんな生き方をするか、選ぶことができます。よりよい「あなた」、より幸福な「あなた」を選ぶ原理と方法こそ、マーフィーの法則が明らかにしてくれるものなのです。

いいことを考え、よいことが起こると期待している心には、よいことを引きつける一種の磁場《マグネティック・フィールド》が働きます。よいことを期待している気分でいると、潜在意識は必ずよいことに連《つら》なるチャンスだけをつかまえるようにあなたを導いてくれるのです。

豊臣秀吉やロックフェラーのような大成功者から、私たちの周囲によくある中成功者、小成功者にいたるまで、そういう人たちは、必ず人生の明るい面により敏感だという要素があります。

2

潜在意識はあなたの〝本音〟を見逃さない

潜在意識は、受け入れたものをすべて無差別に実現してしまう性質がある。潜在意識には冗談は通じない。嘘も通じない。

潜在意識には判断したり、選択したりする能力がありません。あなたが心の中で、つまり意識する心（顕在意識）の中で、こうだと思ったことは、すべて無差別に実現してしまうのです。だから、あなたが「私はそうしたいけれど、そうする余裕がない」と言えば、潜在意識はそれを真に受けます。そして、あなたのせっかくの希望を実現させないようにしてしまいます。

これに反して、「私はそれを買おう。私はそれを心の中で受け入れる」と言えば、潜在意識はそれを引き受け、おそかれ早かれあなたの願望を実現してくれます。

あなたは役に立たない、マイナスの言葉を決して言ってはいけません。「私は失敗するだろう」とか、「うまくいかないだろう」などと決して言ってはいけません。常に積極的な言葉をあなたの潜在意識に話しかけてください。潜在意識はあなたの言葉を一度引き取ったら、それを実現しないではおかないのです。

積極的な言葉を繰り返しているうちに、あなた自身が変わってきます。そして、ふと気づくと、あなたはいままでよりも、もっと積極的で魅力的な人間に変わり、もっと幸福になっていることに気づくでしょう。

ですからあなたは、自分に正直にならなければなりません。知人の幸運を聞いて、「あの人はずるいことをやったんだ」と言った場合の本音《ほんね》は何でしょうか。あなたはその知人の幸福を羨《うらや》み「その幸運がなかったらよいのに」と言っているのではありませんか。潜在意識は本音に対してのみ反応するのですから、「幸運がなければよいのに」という心持ちを受け入れ、あなたに幸運がこないようにと働き始めます。

あなたの気持ちを率直に見つめ、そして本当によい思念で満たしてください。あなたが本当に幸運や富裕や健康を望んでおり、しかもそれを否定する気分がないなら、その願望は必ず実現します。

3 自分の中には〝万能の機械〟がある！

潜在意識は、たとえて言えば万能の機械である。しかし、これは自分勝手には動かない。動かすのはあなたの顕在意識である。

潜在意識は、万能の機械のようなものですから、何でもできるのですが、それを運転する人が必要です。その運転する人があなたの意識する心、つまり顕在意識です。あなたが自分の運命を左右できるというのは、こういうわけなのです。

では、どうして万能の潜在意識を自由に運転できるのでしょうか。それは、要するに潜在意識に好ましい印象や暗示だけ入るように、あなたが意識的にコントロールすればよいのです。何かよいことが起こりそうだ、というような印象だけをあなたが選んで潜在意識に引き渡すのです。

どんなに体の弱い人でも、頭の弱い人でも、意志の弱い人でも、これぐらいの選択はできるでしょう。だから、マーフィーの法則は万人が使える法則と言われるわけなのです。

自分の潜在意識に、常に明るい、希望と期待に満ちた言葉を語りかけましょう。そうすると、万能の潜在意識はあなたの状態を明るくし、あなたの希望と期待を現実のものとするように、ひとりでに動き出すのです。高速車のアクセルは低速車のアクセルより重いということはなく、むしろ軽いぐらいでしょう。万能の潜在意識を自分のために動かすにも、特別の力や努力は必要ないのです。

自分を害するような考え方をせずに、積極的な考えを選ぶだけで、あなたは「運命」そのものを動かしていることになるのです。

私の知人に、同じ大学の同じ科を同じ年に出て、同じ会社で同じ仕事をしている二人の人がいます。A氏は健康でB氏は悪性の持病を持っています。A氏は公団に住み、将来もそれでよいとしています。B氏は木造アパートに住み、ぜひ、小さくてもよいから草花のある庭が欲しいと念願していました。それから七年経ちます。A氏はやはり公団に住み、B氏は最近、千葉県に家を建てました。客観的にはB氏の方が不利だったにもかかわらずです。潜在意識が鍵です。

4

〝偶然〟さえあなたはコントロールできる

潜在意識を船にたとえれば、あなたの意識する心は船長である。四十万トンの大タンカーでも、船長が右と言えば右に行く。

潜在意識は巨大な、宇宙のすべてにゆきわたっているものですが、大きいからといって利用しにくいというものではありません。四十万トンの巨船でも、たったひとりの船長の指示しだいなのです。

船長が「こんな大きな船は、俺が舵《かじ》を取っても動かないのじゃないかな」と思ったら本当にどうにも動きません。「動くはずだ」と思ってやらないことには、始まりません。

事実、山のような大きな船が思うように動いてくれるとは、動かしたことのある人にしか実感できないでしょう。その際、自分の動かす舵がどのような機構に繋《つな》がって船を動かすのかについて、あなたはいちいち知らなくてもよいのです。

数年前のクリスマス・イヴに女子大生が高級ブランドのショーウインドーの中に、素敵な、しかしちょっと高価な旅行鞄を見つけました。彼女は休暇で郷里に帰るところでした。

彼女は「あの鞄を欲しいけれど、私には買う余裕はないわ」と、もう少しで言うところでしたが、すぐにマーフィー理論を思い出しました。それは「否定的なことは最後まで言うな、すぐ肯定に切りかえよ。そうすると潜在意識という大機構が動き出して奇跡が起こる」というものでした。彼女はすぐにこう言いなおしました。「あの鞄を、私のものとして受け入れましょう。そうすれば、後は潜在意識が取りはからってくれるでしょう」と。

クリスマス・イヴの夜八時、彼女の婚約者はプレゼントをくれました。その包みの中には、何とその朝の十時に、彼女がショーウインドーの中で見つけて自分のものとして心の中に受け入れた、まさにあの鞄がありました。小さな舵を回してみたら、巨船が本当に動いてくれたのです。

この出来事を偶然と考える人は、潜在意識が何であるかをまだ知らない人です。

5

〝自分に不利なこと〟は口にしない、想像しない！

サバを食べてジンマシンになった人は、その後はサバを見ただけでもジンマシンになる。潜在意識は何も忘れることがないからだ。

私の教え子がこんな話をしてくれました。

「私はゼリーが食べられません。とても口に入らないのです。皆さんがおいしそうに食べているのに。ところが最近、祖母からそのわけを聞きました。私は、子供の頃はとてもゼリーが好きだったんだそうです。そしてある時、あまりそれを食べすぎて、ひどい下痢がなかなか治まらなかったそうです。それ以来ゼリーを食べなくなったんだよ、と祖母は言うのです。しかし不思議ですねえ、そんなこと、私はちっとも覚えていなかったのに」

そうです。潜在意識は意識する心がすっかり忘れていても、覚えているのです。

サバを食べて中毒になったことを、体を支配している潜在意識はちゃんと知っていて、目にサバが見えたとたんに、防御反応を起こさせるのです。

あなたの潜在意識は一日二十四時間、休みなしに働きつづけていて、一度受け入れたことは決して忘れずにあなたを絶えず作り換えているのです。

ですから、潜在意識に命令する時、つまり何かを断定する時、自分に不利なことを言ってはいけません。

「私はコーヒーを飲むと朝三時まで眠れない」と言う人は、潜在意識に「私の体を朝三時まで眠れぬようにしておけ」と命令するのと同じことなのですから、そういう人は朝三時まで興奮して眠れないことになります。

同じように「私は金には縁がない」と言う人は、自分を貧乏にするようにと潜在意識に命令しているのと同じことになります。このように休むことを知らず、夜も昼も働きずくめの潜在意識を自分の利益になるように働かせるのが、あなたの意識する心のつとめなのです。

6

「自分はダメだ」という声は、空耳だと思え！

潜在意識は豊かな土壌で、意識する心は種のようなものである。よい種からはよい実が、悪い種からは悪い実がとれる。

米粒はいくら分析しても、含水炭素その他の化学成分にしかなりません。しかし、それを田に播《ま》けば、葉が出、花が咲き、また米がなります。何という不思議なことでしょう。土の中には不思議な働きがあって、米粒を成長させて稲にする力があるのです。柿の種からは柿の木が、どんぐりからは樫《かし》の木が出てくるのです。つまり、種の中にすべてが含まれており、それが土の中に落ちると、土が適当にやってくれるとしか考えられません。

あなたが何か考えを持っていたとします。たとえば、自分は医者になりたいという考えを持っていたとします。そして、自分が白衣を着て、テキパキと働く美人の看護婦とともに治療に当たっている姿を目に浮かべます。こう目に浮かべること――視覚化《ヴイジユアライズ》――のことを「考え」ということにします。

この「考え」が種です。考えをはっきりさせたら、それを潜在意識に引き渡すのです。これが種播きです。そうすれば、その種は必ず芽を出し生長します。種が芽を出すためには日光が必要です。これは信念に相当します。水もいります。これは実感に相当します。除草もいります。これは「ダメだ」という声が聞こえた時、すぐにそれを切り捨てる決断に相当します。

まずは、いい種を、いい考えを選びましょう。そして、その考えを抱きしめ、実感をもって繰り返し、悲観的な考えが出た時は、すぐにそれを切り捨てるようにしていますと、必ず種は立派に成長し実を結びます。

あなたが頭脳明晰な人になりたかったら、そういう自分を、頭にはっきり描きなさい。私自身の観察から結論を言いますと、普通の人なら、四年から五年で、すっかり見違えるほど頭脳が明晰になります。また美人で魅力的になりたいと思うなら、その理想像を潜在意識に植え込み、その期待を持続すれば、ゆるやかに、しかし確実にあなたの外見まで変わります。それが潜在意識の法則なのです。

7

〝願望の種〟を播くにも最適の時間がある!

潜在意識に種を播く一番よい時は、意識する心が休止状態にある時、そして筋肉がゆるんだ状態の時である。

畑に種を播く時でも、よい時期というものがあります。夏のカンカン照りの時や、冬の凍りつくような寒さの時ではうまくいきません。どうしても、ポカポカした時がよいのです。春先とか秋先などがよいのです。

それと同じように、万能の土壌である潜在意識に種(あなたの考え)を播く時も、それを受け入れやすい時がよいわけです。

たとえば、床に入って眠りに入る前の、意識的に筋肉をゆるませた時や、朝、目が覚めてまだ意識がはっきりしない時などが最適です。

自分の考え――自分の願望を絵にしたもの――を頭に描きなさい。医者になりたい人なら自分が医者になっている姿を、結婚したい女性なら素敵な男性とともに幸福な家庭生活をしているところを頭に描くのです。金持ちになりたい人なら、自分がゆったりしたソファにすわって葉巻でもふかしている絵を頭に描きなさい。そして、その絵を「潜在意識に引き渡したよ」と言うのです。

頭に絵を思い浮かべている時間は一分でもよいし、慣れれば十秒ぐらいでもよいでしょう。それを朝晩やります。これは取りもなおさず、よい、幸福な考えと気分を持って床に入り、よき幸福な考えと気分を持って起きることになります。

つまり、潜在意識はあなたの眠っている間中、休まずあなたの願いの実現のために、宇宙をゆっくりと動かしつづけているのです。

8

〝マイナスの暗示〟を寄せつけない自分を作る！

暗示の力は恐るべきだ。だから悪い暗示は即座に拒絶し、明るい、建設的な暗示を受け入れるようにしなければならない。

アフリカの聖者シュヴァイツァー博士が、原住民のタブーについて驚くべき報告をしています。彼らの間では、子供が生まれる時、その父親は酒を飲んで恍惚状態となり、口から出まかせに新しく生まれる子供のタブーを口にします。

たとえば「右肩」と言えば、その子供の右肩がタブーになり、そこを打たれると死ぬと信じられます。「バナナ」と言えば、その子供が大きくなってからでもバナナを食べると死ぬと信じられます。そして事実、シュヴァイツァー博士はそのタブーで死んだ例を多く見ています。

次のような極端な例もあります。バナナを調理した鍋を洗わないで次の料理をして、それをある原住民が食べました。その原住民は後で、その鍋でバナナが料理されたのだと聞かされました。その途端、彼は真っ青になり、痙攣《けいれん》を起こし、手当のかいもなく死んでしまいました。

もちろん、バナナで死ぬはずはありません。その原住民も、その鍋にバナナがついていたことを知らされなければ平気だったのです。暗示はこれほど恐ろしいものです。もちろん、私たちはこれほど簡単に暗示にかかることはありません。しかし、程度の差こそあれ、暗示は恐ろしい働きをします。

ですから、「私の病気はよくならないだろう」、「私は幸福にはなれない」、「悪いことが起こりそうだ」などという暗示があったら、即座に、断乎としてその暗示を拒絶する癖をつけなければなりません。断乎として「ノー」と言いなさい。そうすれば悪い暗示は働かなくなります。

そして、すぐによい暗示に切り換えましょう。「私は輝くばかりの健康体になるのだ」、「私はすばらしい配偶者に出会うのだ」と言いましょう。

あなたの知り合いの人をながめてごらんなさい。自分の道を歩んで成功した人は、悪い暗示を受けつけない癖、心構えを持っていることがわかるはずです。

9 なぜ百人力の〝協力の手〟を握ろうとしないのか？

困難な問題に出会った時、「もうダメだ」と言うことは、潜在意識の協力を拒否することを意味する。

むずかしい問題に直面し、どうしてもそこから抜け出る方法がないように思われることがあります。

しかし、注意してください。あなたに「思われる」のは、あなたの意識する心に思われることです。意識する心は限定されたものです。その限定された意識する心に不可能と思われても、全能な心に不可能というわけではないのです。

私の知っている日本人の学者は、しきりにアメリカに行きたがっていました。彼はある問題に関心を持っていて、どうしてもそれを研究するにはアメリカの方がよいと思っていたのでした。ところが、約四十年前の日本では、海外渡航は非常にむずかしく、なかなかその道が見いだせませんでした。しかし、彼は幸いにも潜在意識のことを知っていました。

「私にこの願望を与えてくれる無限の知性は、私を導き、案内し、私の願いを実現するための完全な計画を示してくれます。私の潜在意識の深い知恵が必ず答えてくれることを知っています。そして、私が心の中に感じて要求していることは、外界に具体的な形を取って表現されるでしょう。そして、私の心はいつも静かに落ち着いています」

その後も、アメリカに行く道はなかなか開けませんでしたが、ヨーロッパの小国に行く機会に恵まれました。彼はその機会をつかみました。そして、その国にいる間、その地にフルブライト計画で来ているアメリカ人教授と知り合いになりました。そして、彼はその人に認められてアメリカに行くことになりました。そして、ついにアメリカの大学の教壇に立つことになったのです。

潜在意識は万能なのですから、意識する心にはとらえきれない雄大な計画を持っています。「もうダメだ」と言うことは、その潜在意識の協力を拒否することになるのです。

10 この世で〝恵まれる〟のはどんな人たちか？

正直で勤勉な人が、必ずしもこの世の中で恵まれないのは、潜在意識の使い方が上手でなかったからだ。

皆さんの周囲を見回してごらんなさい。正直で、良心的で、思いやりのある人が必ずしも幸福ではなく、虫のよいことを考えた連中が案外うまくやっているではありませんか。

私も本当に立派な人が、一生、これというよい思いをせずに、癌で死んでしまったという例を知っています。しかし、よく考えてみますと、こういう人たちは、自分の明るい将来を期待するという気持ちが、あまり強くなかったようです。自分の義務の遂行、人に対する義理を果たすことなどについては、本当に良心的によくやるのですが、さて、自分はどのような姿になりたいのか、ということに関してはあまり考えていないのです。

つまり、積極的な希望があまりないのです。ですから頭に浮かぶのは、「どうやって借金を払おうか」とか、義理を欠いて恥ずかしい思いをした時の姿とか、暗い連想の方がよく出てくるのです。そうすると潜在意識の方は「判断力」がなく、意識する心の描くままに実現するのですから、そういう人には、客観的には立派な人でも、不幸なことがよく起こるのです。

それとは逆に、人間として非常に自己本位な人が、幸運に恵まれ、富裕な生活をしていることがよくあります。そういう人は、自分の将来を明るく描いているので、判断力はないけれども万能な潜在意識は、その実現に力を貸してやっているのです。

あなたのこの世での幸福は、道徳的に立派なだけではたりません。自分の幸福そうな姿を生き生きと目の前に描いて、万能な潜在意識の協力を信ずるのです。そうすれば、いろいろとやるべきことが目の前に出てくるでしょう。

正しいことをするだけでは、幸福になるのには不十分です。不幸な正義漢というのも多いのですから。

11

〝プラスのイメージ〟を血液のように全身に循環させよ！

潜在意識を健康のために使うには、頭の中に健康なイメージを描くことが肝要である。

私たちの意識する心は、思うように潜在意識を操ることはできません。食事をして消化するな、と言っても消化しますし、血液は自分の意志に関係なく体の中を循環します。

しかし、潜在意識を利用する方法がないわけではありません。それは意識する心でイメージを作って、潜在意識に引き渡すことです。

南アフリカのヨハネスブルクの牧師さんが肺癌と診断されました。普通の医学では絶望的です。そこで、マーフィー理論を完全に実行しようと思いました。一日数回、必ず精神的にも肉体的にも完全にくつろぐようにしました。完全にくつろぐためのテクニックとは、次のような言葉を繰り返すことです。

「私の足はくつろいでいる。私のくるぶしはくつろいでいる。私のももはくつろいでいる。私の腹筋はくつろいでいる。私の心臓も肺もくつろいでいる。私の全存在は完全にくつろいでいる」

こうして五分もしますと、うとうとした状態になります。そうした状態の中で彼は、次のように言ったのです。

「神の完全性は、いまや私の肉体を通じて表現されようとしている。完全なる健康というイメージが、いまや私の潜在意識を満たしている。神が私に対して抱くイメージは、完全なイメージである。だから、私の潜在意識は神の心の中にある完全なイメージと完全に呼応して、私の肉体を創造しなおすのだ」

この牧師さんは、奇跡としか言いようのない治り方をしました。

あなたも病気でしたら、このテクニックを使ってください。この方法は医者や薬と少しも矛盾しません。「汝が信じつつ祈りの中で求めることは、それが何であれ、汝に与えられるであろう」という聖書の言葉の意味もここにあります。

12

"くつろぐ技術"を知る人は心身が調和する

潜在意識を活用するには、くつろぐ技術が重要である。
一つひとつの筋肉にくつろぐよう命ずると、たやすくできる。

意識する心があれこれ考え、また筋肉が緊張している時は、潜在意識は働きにくい状態にあるわけですから、マーフィー理論を利用するためには、くつろぐ技術が重要になります。そのためには、前にあげたヨハネスブルクの牧師さんのように、足の先から、一つひとつ筋肉にゆるむことを命ずるのが効果的です。

まず右足の指先にゆるむことを命じ、次にくるぶし、ひざ、ももというふうに上にあがってきます。次に左足の指先から同じ具合にやります。次に性器、腸、胃、心臓、肺、首とあがって、さらに右手の指先、手くび、ひじ、肩と、順にくつろがせます。左手も同じようにします。そして、下あご（口が少し開くような気がします）、鼻、耳、目、頭とくつろがせていきます。

なれてきますと、三十秒ぐらいでできるでしょう。そうすると、手さえ上げられないような気がします。そして、うとうととした気分になり、目が覚めているのと眠っているのとの中間ぐらいの気分になります。その時、自分のあるべき姿を思い浮かべるのです。自分のあるべき姿を思い浮かべるのですから、気分はとても楽しく平和なはずです。

このようなくつろぎ方を一日に何度もするのです。家にいる人なら、いつでもできます。お勤めの人なら、通勤電車の中で目を閉じながらできます。また家に帰ったら、食前に少し横になってもできます。それから、眠る前には必ずやります。

肩がこるとか、頭が重いとかは不定愁訴と言われているように、原因もすべて不定です。しかし、このようなくつろぎ方を根気よく繰り返していれば、起こらずにすむのです。人間の心のあり方と肉体の状態が密接に関連し合っていることは昔から言われていましたが、最近でもサイコソマティック（精神身体医学）がますます重視されてきています。このくつろぎ方は、あなたの精神のみならず、肉体にも調和をもたらします。

13

この〝スリル〟が想像できればしめたもの！

自分の願望が達成した時のことを想像して、そのスリルを感じたら、潜在意識への引き渡しは完了したと考えてよい。

体をくつろがせて、自分の願望をイメージした時、そのイメージが潜在意識に引き渡されてしまえば、必ず実現するのですが、はたしてうまく引き渡されたかどうか知る方法はないでしょうか。

一つ確実な方法があります。それは、自分の願望が達成した状況をイメージしている時、スリルと言いますか、何かぞくっとした感じが出ればよいのです。この感じは、ほんの数秒のこともありますし、もっと長く続くこともあります。

しかし、こういう感じがしたら、しめたものです。それはあなたのイメージを潜在意識が受信したという合図なのです。潜在意識は一度引き受けてしまえば、それを実現させずにはいませんから、あとは安心していればよいのです。

私の知っている学生で、ドイツ留学を念願している男がありました。彼はドイツのことはまだあまり知りませんでしたが、ドイツの代表的な川であるライン川のことはいくらか知っていました。そこで、ライン川の岸に立っている自分の姿を頭の中に描くように指導しました。彼はそのとおり、一日に何回も自分がライン川の岸に立っている光景を頭に描きました。

そうしている時、突然、「ぶるっ……うう寒い」という気がしたそうです。それは夏の話ですから、本当に寒いということはなかったはずです。

ところが、その秋に、急にばたばたと留学の話がまとまり、彼は十月末に渡独しました。そしてデュッセルドルフ空港についた時、日本の商社の人が、「客を出迎えにきたのに、その人がこなかった」と言って、彼を空港から車に乗せてくれました。そして、ライン川を見ましょう、と途中で車をとめてくれたのです。それは十月の末のことです。すでに川風は冷たかったので、思わず「ぶるっ……うう寒い」と言いました。これは三カ月前、東京ですでに経験したことだと、気がついて彼は驚いたのです。

2章

奇跡を起こすには、この〝想像力〟さえあればいい！

14

〝感謝できる人〟の夢はかなうことになっている

祈りをしているうち、感謝の気持ちが生ずるようであれば、その祈りはかなえられる。

自分の欲する願望を想像して、それが現実になったと感じるならば、その願望は遅かれ早かれ現実化するというのは、潜在意識に関する根本的真理です。ところで、自分の願望が本当に達成されたと感じたら、その時あなたはどう感じますか。「ああ、ありがたい」と感ずるのではないでしょうか。

ですから、自分の願望を生き生きと頭の中に描き、それはきっとやってくるのだ、いや、やってきたと感じて、感謝する気持ちになりなさい。そして、そのことはしばらく放念します。するとまた、祈りたい気持ちに導かれていくことがおわかりでしょう。そうして、気づいた時にはあなたの願望は根本的に達成されているはずです。

あるアメリカ婦人の話です。彼女は大学を出て有能な秘書となりましたが、結婚する適当な相手がなく、いつの間にか、日本でいうオールド・ミスになりかけていました。そのうち、ふとしたきっかけでマーフィー理論を知り、それが真理であるように思えたので実行することにしました。

彼女の願いは、心のやさしい男性と結婚して、アメリカ人がよくやるように、ヨーロッパに新婚旅行に行くことでした。彼女は、それがすでに実現しているところを想像しました。そして、マーフィー理論を自分に紹介してくれた友だちに礼状を書くところを想像しました。心の中に生き生きと幸福な自分の姿を描いているうちに、本当に自分の夢が実現されたのだと感じる瞬間が出てきました。そうして、この真理を教えてくれた友だちに対する感謝の念も湧き上がり、本当にその礼状を書きたくてたまらなくなったのです。

願望の実現を想像して感謝の念が出たというのは、潜在意識への引き渡しが完了した証拠なのです。彼女は間もなく、再婚の人でしたが豊かな弁護士と結婚し、パリのホテルから友だちに本当に礼状を書いていました。

15

一回念じて満足する〝ヤワな心〟ではダメだ

潜在意識に願望を引き渡すには、繰り返しが必要である。

マーフィー理論に習熟した人は、願望の引き渡しにあまり時間がかからず、時には一回念じただけで実現することもあります。しかし、皆がそうなるわけではありません。願望を潜在意識に引き渡すには、繰り返しが必要なのです。

釘を打つ時のことを考えてください。堅い厚い板にきちんと打ち込むためには、トントントンと何度も打たなければなりません。しかも、あせらずに何度も打ち、一回だけ金槌で思い切り打って、それっきりにするということは決してありません。潜在意識にあなたの願望を送り込むのもその要領です。あせってはいけません。何度も何度も打ち込むのです。

あなたが住宅問題で悩んでいたとします。そうしたら、まず自分が快適に住めそうな住宅を考えます。郊外の住宅でもよいし、高級マンションでもよいでしょう。そして、自分がそこで快適な生活を送っている様子を想像し、皆が住宅に苦労しているのに自分は幸福だ、という気分にひたるようにします。

そうしたら、その住宅の問題を忘れて、自分の目の前にある仕事に安心して取りかかるのです。

そしてまた、その日の夕方でも、翌日の同じ頃でもかまいません。同じように快適な住宅条件に恵まれている自分を想像し、感謝の気持ちにひたります。それを毎日繰り返すのです。そのうち必ず心の奥の奥の方で、カチリとそれが実現したと実感する瞬間がきます。

潜在意識は一度、願望を引き受けると必ず実現してくれます。大宇宙があなたの願望のために、きわめてゆっくりですが、確実に動いてくれるのです。

あなたは必ず現実の世界においても快適な住宅条件の下にいて、「私は幸せだなあ」と言っていることでしょう。

16

〝人生の設計図〟に心配・恐れをレイアウトするな！

あなたを作ったものはあなたである。あなたを変えうるのもまた、あなただ。

あなたの周囲を見回してみましょう。あなたの部屋の椅子も机も、万年筆もテレビも、それができ上がる前には、誰かの頭の中にあったものです。椅子を作る人は、そういう椅子をまず頭の中に描いたから作れたのです。テレビも、まずそれを設計する人があってできたわけです。またテレビを作る工場のシステムも、それを考え抜いてレイアウトした人がいたからできたのです。

このように考えますと、あなたの周囲に存在するものは、すべて存在するために、誰かがそれを考えたのです。

あなたも存在しています。そして、いまのあなたを作ったのは、ほかでもないあなたです。あなたの人生に起こることはすべて、あなたの心に描いていることに応じて作られたものにすぎません。もしあなたの心が恐怖、心配、不安、欠乏などでいっぱいであり、あなたが意気消沈して、疑念に満ち、ひねくれて冷笑的であれば、徐々に、しかも確実にあなたの潜在意識にそれが刻印されます。そして潜在意識は、刻印されたものを必ず実現しないではおかない性質を持っていますから、あなたの生活は労力と心配と緊張がいっぱいで、不安は増大し、あらゆる面で欠乏を感じるようになるでしょう。

あなたは目が覚めている時、ずっと自分の生活を形成する設計図を描いているようなものです。あなたが考えていること、あなたのアイデアや信念、あなたが心の奥の密室で繰り返している場面――これがあなたの人生の設計図です。つまり一刻一刻、あなたは自分の心の家を建てているのです。

新しい、よい設計図を作り上げてください。静かにくつろいだ時間に、この設計図を潜在意識に送り込んでください。潜在意識はあなたの設計図を受け入れ、すべて実現してくれるでしょう。聖書に「その実《み》によって木を知る」とあるのは、これを意味しています。

17

どれだけ〝真剣な気分〟にひたれるかが鍵

偶像崇拝を簡単に否定してはいけない。
それは潜在意識を動かす一つの効果的な方法なのだから。

フィリパス・パラケルスス（一四九三―一五四一）は、バーゼル大学ではじめて化学の教授になった人で、当時は世界一の錬金術師という評判のあった人です。その彼がこのように言っています。

「あなたの信仰の対象が本当であろうと、間違いであろうと、それに関係なく同じ効果があるでしょう。ですから、私は聖ペトロ自体を信ずべきなのに、そのかわりに聖ペトロの像を信じたとしても、聖ペトロからと同じご利益を受けるのです。しかし、これは迷信です。しかし信仰は、それが迷信でも奇跡を生むことがあります。本当のことを信じようと、間違ったことを信じようと、信仰はいつも同じ奇跡を生むのです」

そして、彼の言っていることは今日でもまったく本当なのです。彼の時代は宗教改革の時代で、ローマ・カトリックのようにマリアの像などを拝むのを偶像崇拝だと否定する力が強くなりました。しかし、皮肉なことにはローマ・カトリック教会の方に、奇跡と認められるものがずっと多いのです。

これはカトリックの方が真理で、プロテスタントの方が間違いという意味ではありません。ひょっとしたら、プロテスタントの方がより合理的かもしれません。しかし、マリアの像の前で拝んだ方が、よりよく信仰の気分にひたれる人が多いことも事実でしょう。深く信じることさえできれば奇跡は起こるのですから、カトリックの方に奇跡が多いのも説明がつきます。

奇跡的な霊験《れいげん》が起こるのは、信じていることが高級だからでも、合理的だからでも、学問的だからでもありません。信心が深くて、それが潜在意識に到達したからなのです。

マリアの美しい像がそれに役立ったとするならば、それは本当に聖母マリアが助けてくれたと思っても、結果的にはいっこうに差支えないわけです。

18

人と比較しなくても自分を〝浮かばせる〟ことはできる

潜在意識が奇跡を起こすのだということを皆が知るようになれば、宗派間の争いはなくなるだろう。

西洋には、ひどい宗教戦争がありました。また、日本にもあります。創価学会は自分のみが真の救いを与えることができると言いますし、禅宗でも同じようなことを言いますし、キリスト教の各派も同じことを言っています。

しかし「自分だけが正しい」という宗派が世界中にこんなにたくさんあるのは、おかしいではありませんか。宗教同士、宗派同士の醜い争いを見ていやになった人が、しばしば無神論者になるのはそのためです。

よく聞いてみると、どの宗教も立派なことを言っているのです。そして、どの宗派にも奇跡が起こり、どの宗派のよい信者も、それに似た不思議な体験をしているのです（そういうことがなかったとしたら、誰がいつまでも信者でいるでしょうか）。

しかしマーフィー理論は、どの宗派も正しいのだと言います。どの宗派も人間を潜在意識にいたらしめるための道なのだ、と考えます。創価学会に入って奇跡を体験した人もいます。立正佼成会に入ってそのようなことを体験した人もいます。カトリックでもいます。イスラム教でも、アフリカの何とか教でも、アメリカの新興宗教でもいます。これは厳然たる事実で、誰でも認めないわけにはいきません。

そうだとしたら、創価学会は立正佼成会をインチキと言ってはいけない。キリスト教も日本の宗教を非難してはいけない。

人にはいろいろなタイプや好みがあり、自分が信じやすい宗教・宗派を選べばよいのです。自分さえ納得すれば、ほかの宗派のことを非難するには当たらないのです。どんな宗派の教えでも、深く信ずることさえできれば、奇跡も起これば救いも得られます。いろいろな宗教は、潜在意識へのアプローチの違いだけです。

あなたが宗派の創始者になってもよいのです。

19

願望をくっきりと〝視覚化〟できればしめたもの！

潜在意識にあなたの願望を送り込むには、それを視覚化すること、つまり絵にすることが最も有効である。

潜在意識は全能ですが、あなたの意識する心に対しては、百パーセント受動的です。ですから、あなたが自分の願望を実現するには、それを潜在意識にうまく送り込みさえすればよいのです。

どうしたら、うまく自分の願望を潜在意識に送り込むことができるでしょうか。それは、あなたの願望を視覚化することです。つまり、願望を絵にすることです。マーフィー博士は、このテクニックを「心の映画法」と呼んでいます。

マーフィー博士がアメリカ中西部の諸州で講演をしました。そうしているうちに、中西部に活動の拠点を持って、そこを中心にして活動したいと思う願望が生じ、なかなか頭から去りませんでした。

ある夕方、ワシントン州のスポケインのとあるホテルに泊った時、彼はソファーに横になって完全にくつろぎ、注意力を停止し、静かな受動的な気持ちになって、それから大勢の聴衆に向かって、「私はここに来たことを喜んでいます。私は、こういう理想的な機会が到来するのを祈っていたのです」というようなことを語りかけている情景を想像しました。

そして、自分の心の目でその想像上の大聴衆を見、それが全部実在するのだと感じました。彼はこの心の映画を脚色し、その主役を演じました。そして、それが潜在意識に引き渡され、現実の世界に具体的に現われると実感しました。

翌朝、彼が目を覚ました時、何とも言えない大きな平和感と満足感を味わいました。それから数日たって、彼は一通の電報を受け取りました。それは心の映画に写したのと同じように、中西部に活動の場所を提供しようという申し出の電報でした。

マーフィー博士がその申し出を受け入れて、中西部でも仕事をしたことは言うまでもありません。

20

〝子守唄〟のごとく繰り返された願いは必ずかなう！

願望を簡単な文句にまとめ、それを子守唄のように繰り返しなさい。

フランスのルソー研究所の教授で、ニュー・ナンシー治療学校の研究所長だったボードワンは、すばらしい心理療法家でありましたが、彼の編み出したボードワン法の極意は右にあげた言葉に尽きています。

彼は潜在意識に願望を送り込む一番よい方法として、やはり意識する心が最低限に切り下げられた睡眠類似状態、つまり、うつらうつらとした状態になり、それから静かな、受容的なやり方で願望のことを考えることをすすめています。

ボードワン法の特色は、願望を簡単な、記憶しやすい言葉にまとめて、子守唄のように何度も何度も繰り返すという点にあります。事実、すぐれた成果をあげています。

数年前、ロサンゼルスの若い女性が遺産相続に関する激しい、また、不快な訴訟事件に巻き込まれました。彼女の夫は全財産を遺贈してくれたのですが、彼の先妻の息子や娘たちが、遺言無効の訴訟を起こしたのです。

ボードワン法に従って、彼女はアームチェアにゆったりと腰を下ろしてくつろぎ、うつらうつらとした状態になった時、自分の願いを簡単に六語（英語で）にまとめて、それを子守唄のように繰り返しました。そのまとめた言葉は「神の秩序に従って、このことはもう終わってしまったのだ」というものでした。

約十日ぐらい毎晩つづけましたところ、ある晩、心の中に平和感が湧き、静寂感が全身にみなぎってくるような気がしました。それから深い眠りに入りました。その翌日に目が覚めた時、「このことは、もう終わってしまったのだ」という確信が自然に湧いてきました。その日に、彼女の弁護士から電話があり、相手側が示談を申し出たということを知らせてくれました。訴訟は取り下げられたのです。彼女の潜在意識を通じて働いている無限の知性は、調和の原則を通じて調和ある解決をもたらしたのです。

21

〝感謝法〟で失業者が副社長にまで出世した！

感謝する心は、常に宇宙の無限の富に近いことを忘れるな。

聖パウロは聖書の中で、称賛と感謝の念をもって私たちの要求を示すことをすすめています。感謝する心は常に宇宙の創造力に近いので、万能の潜在意識も感応しやすく、多くの恵みが、そういう心を持った人に流れていくのです。

ここで注目すべきことは、恵みを受けてから感謝するのでなく、まだその恵みが具体的な形を取って現われる前に、感謝してしまっていることです。これが聖パウロがいう「感謝の念をもって要求を表わす」という意味なのです。

ブローク氏の例をあげましょう。彼は失業中で子供が三人おり、勘定書はたまっていくばかりでした。

この時、彼は「感謝法」を教えてもらい、それは彼の心に響くものがありましたので、実行することにしました。そして、約三週間、毎朝毎晩、規則正しく、くつろいだ平和な気持ちで、「神さま、私の富に対して感謝します」と彼は繰り返しました。

そのうち、本当に感謝の気分が彼の心の中で支配的になってきました。そして、心配、恐れ、貧乏、困苦など、暗いような考えや気分が心に入りかけてくると、すかさず、「神さま、ありがとうございます」と何度も言って、暗い気分が心に入ってくるのをとめ、和《なご》やかな気分になるように努めてきました。

それから、この感謝の気持ちが宇宙の万能の知性にとどくのだということを信じました。そして実際、感謝に値することが彼に起こったのです。

この祈りをして三週間ほどたった時、二十年も会わなかった以前の雇い主に偶然出会うと、彼はよい仕事を提供してくれたのみならず、五百ドルを前貸ししてくれたのでした。そしていま、このブローク氏はその会社の副社長です。

22 〝断定〟するだけで驚くべき力が働き出す

簡単に断定するだけで、潜在意識が願望を実現してくれることがある。

万能の潜在意識が自分の味方であることを悟った時、自分の願望を簡単に言い表わすだけで十分なことがあります。

ある少女が、自分にしつこく電話をよこしたり、デートを強要したり、勤め先にも押しかけてくる若い男に悩まされていました。しかも、彼と手を切るのは非常にむずかしいことがわかりました。

しかし、彼女は幸いにもマーフィー博士の話を聞き、なるほどそうだと思い、次のような命令を潜在意識に与えました。

「私は○○さんを神に向かって解放してやります。彼は、いつでも自分のいるべきところにいます。私も自由で、彼も自由です。私はいま、自分の言葉が無限の精神に入っていき、それが実現してくれることを命じます」

この命令を潜在意識に言い聞かせますと、その男は二度と彼女の前に現われなくなったとのことです。「それは、あたかも大地が彼を飲み込んだかのようでした」と彼女は言っています。

このような命令、断定を行なう時、力む必要はありません。あなたの力で行なうのではないのですから、心をむりに緊張させたり、心の葛藤などを起こしてはいけないのです。きわめて自然に潜在意識に言いつければよいのです。

ちょうど、高級レストランのボーイに、「シェリーを持ってきてくれ」と言う時と同じように、当然、言いつけたとおりになるのだという前提に立って言えばよいのです。

極端な例ですが、風邪の時、眠る前に、「明日の朝までに、潜在意識がきちんと健康にしてくれます」と言っただけで、すっきりと治ることがよくあります。

潜在意識は万能ですが、まったく受動的で、命令をよく聞きます。

23

〝願望〟が強ければ〝手段〟は後からついてくる

願望は別の言葉で言えば祈りである。
祈りは達成されたものとして、絵にして心に抱きしめよう。

お祈りというのは願望のことですし、願いというのは、とりもなおさず祈りのことです。その祈りを実現するには、まずその祈りが実現したところをまざまざと眼前に描いて、それが実在していると実感することです。潜在意識は、絵になった祈りに対して、特に敏感でよく受け入れます。

私は渡米を熱望している少年と知り合いになりました。当時は、いまのように海外旅行がたやすくできる時代ではなく、その少年も渡米のための手段やつてをまったく持っていませんでした。こういう場合は、あれこれ考えても、疲れたり、心が萎《な》えるだけです。マーフィー理論は普通のやり方と反対に、まず祈りは聞き入れられて実現したのだ、という立場から始めます。

私はその少年に、「どういう交通機関を用いてアメリカに渡りたいか」と尋ねました。彼は「船がいいですね。安いし、それにロマンティックですから」と答えました。

それで、私は彼に、ひまを見て横浜に行き、プレジデント・ラインの客船を眺めて、その船に自分が乗るところを頭に描くようにすすめました。彼は実行し、そのうち、船に乗っている自分を生き生きと頭の中で想像できるようになったのです。

そうすると、渡米のためのアイデアとか手段がどんどん湧いてきました。彼は湧いてくるアイデアをどんどん実行に移していきました。

そして、それが彼に道をひらいてくれたのです。彼は渡米し、少年時代からの夢を見事に実現したのです。

いいですか、はじめにいろいろ手段を考えるのではなく、まず自分の願望が実現したところを頭に描いて、それがかなえられた喜びを先取りして、体験してしまうのです。それから、アイデアとか機会が現出するのを待つのです。

24

映画、小説に〝将来の自分〟を見つけよ！

あなたの祈るべきことを、小説や映画から見つけることをすすめたい。

あなたが本当に求めているものは何ですか。それがはっきりしないことには、祈りようがありません。ところが実際にいろいろな人の相談を受けてみると、何を望んでいるのかはっきりしない人が大部分です。莫然と幸福とか富とか名声とかを求めているのです。しかし、漠然とした祈りは現実化のしようがありません。

そこで、心の中に自分の願望を描く手段の一つとして、小説や映画の場面を用いることをすすめます。小説や映画は各場面を生き生きと描いていますから、それを借りるのです。

私は以前にアメリカの小説で、その女主人公が汽船で大西洋を横断する場面を読みました。それは、まだ飛行機が旅客を運ばない第二次大戦の時代のものでしたが、とてもロマンティックないいものでした。私もそうした船の旅をしたいと思いました。そしてその情景を心に思い浮かべることは、比較的簡単なことでした。小説の中にくわしく描いてあるのですから。私はその中の主人公を自分に置き換えてみればよかったのです。

しかし、日本人が大西洋横断の豪華船で旅行するということは、当時ちょっと稀でしたし、どう考えてもそんな機会はそうそうありそうにも思われませんでした。しかし、私はその願望達成の手段を考えることはやめて、快適な船の旅を心に描きました。

そのうち、ひょんなことから世界最高速の豪華客船に乗って、ニューヨークからヨーロッパ大陸に旅行する機会に恵まれたのです。それはすばらしいものでした。一日に二回のフルコース、朝食ですら四、五コースでした。そして、午後はオーケストラつきのティー・パーティがあり、夜は毎晩夜会がありました。船中のプールでの水泳も素敵なものでした。私は船中、ただ一人の日本人でしたが、皆親切で、それは素敵な、例の小説で読んだよりも快適な旅でした。

25

〝イメージング〟の力で生活の質は格段に向上する

映画はそれ自体が一つの世界を提供してくれるので、願望を具体化にするのに役立つ。

昔の人は、志を立てるのがむずかしかったと思います。というのは、自分の生活圏以外を見ることができなかったからです。

H・G・ウェルズというイギリスの世界的作家は、母が上流階級の女中をしていたため、幼い時に上流の生活をかいま見ることができ、自分もそういう生活をしようと決心し、見事にそれをなしとげました。彼が上流の社会を覗く機会がなかったら、具体的な願望を起こすことはなかったでしょう。

現在、生活がどんどん向上していく理由の一つにテレビがあります。他人の生活が見られるので、人の向上意識を刺激するからでしょう。人まねだと言って非難する人もいるでしょうが、昔のような貧乏生活に満足する人の数を減らした点では、進歩の原動力の一つとなったわけです。

映画は暗室で、しかもコマーシャルも入らず、一定の完結した世界を提供してくれるので、その目的を持った人には非常に有効なイメージ提供者となります。たとえば、評判だった『マイ・フェア・レディ』を見るとします。それだけでも楽しい物語ですが、貧しい少女があれを見て、自分を洗練する決心をしたらどうでしょうか。

あの物語のイライザという少女の向上のもとは「言葉」を正しくすることでした。上品な言葉を習うこと、礼儀正しくすることは、日本人にとっては比較的やさしいことです。そうすれば、思いがけない素敵な結婚相手に恵まれるでしょう。

また男の学生があれを見て、ヒギンズ教授のような書斎を持った学者になろうと決心したとします。あのような天井までとどく本棚のあるところで勉強する自分を、頭の中に生き生きと描くのです。自分の「目」で一度見ていますから、描きやすいでしょう。私は、あの映画で志を立て、信じられぬ経過を経て、天井までとどく書斎を持って勉強している若い日本人の学者の例を知っています。

26

〝病は気から〟のこれだけの理由

放っておいても体の面倒を見てくれる知性があるのに、困ったことには、しょっちゅうそれを邪魔する意識がある。

単細胞動物であるアメーバなどを注意深く観察してごらんなさい。単細胞動物は、器官を持っていないわけですが、運動、栄養吸収・同化・排泄などを行なっています。そこには、そういう行為を起こさせる精神的作用、反作用があるという証拠を見ることができます。また人間の目や耳や心臓や肝臓や膀胱や細胞の組織を見ますと、集団的知性を持つ細胞から成り立ち、その集団の知性によって協力し、また首領（意識する心）からの命令を実行しているのです。

個々の細胞や器官は放っておいてもちゃんと働く知性の支配下にあるのですが、ただ困ったことには、意識する心が介入し、誤った信念から、恐怖などを持ち込んで混乱させるのです。恐怖とか、誤った信念とか、否定的な型があなたの潜在意識の中に持ち込まれますと、完全に受身な潜在意識は、自分に与えられた設計図の仕様書どおりにするより仕方がないのです。

たとえば、多少敏感な人は、何かを食べて「おなかをこわすのではないか」と思っただけでも下痢になることが知られています。それほど、心の否定的な考えは、潜在意識の活動を狂わせてしまうのです。嫉妬とか、恐れとか、心配とか不安などの思いは、神経や内分泌腺をおかしくしてしまうのです。

私の知っている人に、サシミを食べるとすぐおなかをこわす人がいました。それでも好きでよく食べるのですが、その後必ず整腸剤を飲むのでした。ある時、その人が私といっしょにスシを食べました。私は「僕もスシを食べるとおなかがゆるむので薬を飲むことにしているんだ」と言ってドイツ製の薬を飲み、彼にもあげました。彼はそれを飲んで、翌日、おなかは何ともなかったと言いました。

しかし実は、それはドイツ製の口臭どめだったのです。

このように、「病《やまい》は気から」というのは、潜在意識が心配という意識する心に支配されている状態をさすのです。

27

成功体験を〝あらかじめ実感できる人〟に成功は訪れる

祈る時に力んではいけない。力むことは心が割れている印なのだから。

願望を実現したい時、どうしたらいいのか、などということにいろいろ気を使ってはいけません。反対者を予想してもいけませんし、意志の力を使ってもいけません。意識する心の知性を使ってもいけません。まったく自由に、子供のように信じるのです。

ある家のセントラル・ヒーティングが故障して、ボイラーの修理代に二百ドルを請求された時、その家の持主はどこが故障しているのか聞きました。修理人は「ボルトの一つが具合が悪かったのです」と答えました。

その家の所有者は「たったボルト一個に二百ドルとは高いではないか」と文句を言いました。するとその修理人は、「私はボルト代には五セント請求しましたが、あとの百九十九ドル九十五セントはどこで故障していたかを見つけるための代金です」と答えたと言います。

あなたの潜在意識はこのボイラーの熟練工以上にあなたの肉体のあらゆる器官の悪いところや、それを癒す方法を知っています。しかも報酬はただなのです。あなたはこの全知の熟練工に向かって、故障の個所をあれこれ細かに言う必要もないし、その直し方について気を使う必要はありません。あなたは最高の熟練工を抱えているのと同じなのです。最後の結果を確認するだけで十分なのです。

肝心なのは、くつろぐことです。人間の修理者でも、家主に途中であれこれ言われたり、指示されたら迷って、うまくいかないでしょう。潜在意識に細かなこと、途中の手段を心配させるとよく働きません。

あなたの問題が健康のことであれ、お金のことであれ、勤め先のことであれ、その問題がうまく終結したのを実感するのです。これが、潜在意識に本当にまかせた印なのです。感ずること、あなたの願望が達成された状態にあると、感ずるようにしなさい。くつろいで、のんきにやってください。

28

人生の〝偉大なこと〟の多くは単純である

あなたは幸福を選択する自由があり、また幸福をあなたの習慣にすることもできるのだ。

幸福とは心の状態です。聖書に「汝の仕えるこの日を選ぶべし」という言葉があります。これはあなたには幸福を選ぶ自由も、不幸を選ぶ自由もある、という意味です。

これは、やけに単純に聞こえるかもしれませんが、本当なのです。そしてまた、多くの人が幸福にいたる途中でつまずく理由にもなっているのです。つまり、多くの人は幸福の秘訣の単純さがわからないのです。人生の偉大なことは単純なのです。

さあ、幸福を選ぶことから始めましょう。まず、朝、ふとんの中で目が覚めたら、自分に静かにこう言い聞かせましょう。

「私は今日、幸福を選びます。私は今日、成功を選びます。私は今日、適切な行為を選びます。私は今日、みんなに対して愛と善意を選びます。私は今日、平和を選びます」

この言葉をおざなりに言うのではなく、生命と愛と興味を注ぎ込んでください。そうすれば、あなたは幸福を選んだことになるのです。

あなたの外界の状況も、あなたが幸福を選んだことを証明するように展開していくのがわかるでしょう。

多くの人は「おれは成功しないだろう」、「みんなおれに反対している」、「商売はうまくいかないし、さらに悪くなりそうだ」、「おれはいつも遅刻だ」、「おれは芽が出ないや」、「あいつにはできるが、おれにはできない」などという否定的な考えを抱くことによって不幸を選ぶのです。

もし、あなたが目を覚ました時にこのような心の態度を取るならば、そのとおりのことを自分に引きつけて、実際に経験することになり、実際に不幸になるでしょう。幸福を選ぶ習慣を作ってください。

29

毎朝三回、この〝呪文〟で失望感が霧消した！

人間とは、その人が一日中考えていることであり、人の一生とは、その人が人生をいかに考えたか、ということである。

「人間とは、その人が一日中考えていることだ」というのはアメリカ第一の哲学者エマソンの言葉であり、「人の一生とは、その人が人生をいかに考えたかである」というのは、ローマの皇帝であると同時に偉大な哲人であり、賢人であったマルクス・アウレリウスの言葉です。これほど潜在意識の真理を見事に表現している言葉はありません。

マーフィー博士はサンフランシスコで、非常に不幸で、将来に失望している会社員に会いました。彼は自分の会社の副社長や社長に対する不満と憤《いきどお》りでいっぱいでした。彼は「連中は自分に反対しているのだ」と言いました。

心の中に葛藤《かっとう》があるため彼の仕事の成績も下がり、ストックオプションも受けていませんでした。彼は人生の危機にあったのです。博士は彼に次のように、毎朝、目が覚めた時に静かに肯定するようにすすめました。

「私の会社で働いている人はすべて正直で、まじめで、協力的で、誠実で、誰に対しても善意でいっぱいです。彼らは、会社の成長と福利と繁栄の連鎖の中の精神的な輪です。私は考えにおいても言葉においても、私の同僚や会社のすべての人に愛と平和と善意を放射します……私の潜在意識の無限の知性が、私を通じてすべての決定を下すので、仕事上の取引においても、人間関係においても、すべて適切な行為があるだけです。私も、会社の人も、皆の心の中には、平和と調和が支配しております。私はいま、信念と自信と信頼に満ちて新しい日を迎えます」

この会社員は、この黙想を毎朝三回ゆっくり繰り返して真理だと実感しました。日中、恐れや憤りの念が頭に浮かぶとすぐに「平和と調和と落ち着きが、常に私の心を支配するのだ」と言い聞かせました。この心の再調整を始めて半月たった時、彼の社長と副社長は彼を部屋に呼び入れて、彼の仕事を非常にほめてくれました。

3章

お金が自然に集まる
〝不思議な力〟を手に入れる！

30

"富裕感"こそが富を引き寄せる

繁栄、富、成功などの考えを潜在意識の中に預金しなさい。
そうすると、潜在意識はあなたに複利をつけて返してくれる。

金持ちになる唯一の方法は、額に汗をたらして激しく働くことだ、などという話を信じてはいけません。あなたも、一週間のうち数時間働くだけで、途方もない額のお金をもうけている人がいることを知っているでしょう。

本当は、がつがつ働かないでも、どんどんお金が入ってくるような生活のやり方が一番よいのです。自分がしたくてたまらないことをして、しかもその仕事がわくわくするほど楽しく、しかもどんどんお金が入ってくるのが理想的なわけです。

マーフィー博士の知人で年収五千万円の人がいます。彼はロサンゼルスの会社の重役で、先年も船で世界一周旅行をやってきました。その人が言うには、彼の会社で週給五万円ぐらいでやっている多くの人は、自分より仕事の知識もあるし、また管理ももっとうまいのですが、そういう人たちは潜在意識の驚異に関心がないので、うまいアイデアを使えない、ということです。

それに反してこの人は、「自分は高給を得て、世界旅行にも時々出かけるのに値する人間なのだ」と潜在意識に思い込ませたと言うのです。

潜在意識は、いったん思い込まされたことは必ず具体的に実現してみせる力を持っているのですから、この人の言うことは本当です。

自分は豊かであるという心の底からの感情があれば、それがあなたを豊かな人にするのです。つまり富裕感が富を引きつけるのです。

あなたの富を成長させたかったら、あなたの富裕意識を成長させなさい。四六時中、このことを忘れないでください。努力しないで富裕になりましょう。本当にあなたは、奮闘する必要も、奴隷のように働く必要もないのです。

31
お金が面白いほど入ってくる〝魔法の言葉《マジック・ワード》〟

「私は金持ちだ」と繰り返せば金持ちになるわけではない。
現在進行形で言うのがよい。

「何週間も何カ月も『自分は金持ちだ。自分は繁栄している』と言ったのに、何も起こらなかった」という人もいますし、また「私はくたびれるまで、『自分は繁栄している』と肯定しましたが、事態はかえって悪くなりました」という人もいます。

これはどうしたことでしょうか。

しかし、こういう人の場合、くわしくしらべてみますと、彼らは例外なしに、自分に嘘をついていると心の底で感じていることがわかりました。潜在意識は、人の本音しか受け入れません。

「私は億万長者だ」と口で言っても、その人が心の中で、「だけど私は貧乏なんだ」と思ったとすれば、潜在意識は、口で言った方ではなく、心で思った方を実現させてしまうわけです。ですから、くたびれるほど「自分は繁栄している」と言いながら、実際にはもっと悪くなる人も出てくるわけです。

では、どうしたらよいのでしょうか。それには、自分の心の中では決して嘘を言わない工夫をしなければなりません。その一つの方法として、現在進行形を用いることをおすすめいたします。

つまり、不振の状態にある人が「私は繁栄している」と言っても嘘ですから、「昼も夜も、私の関係あるすべての分野で、私は繁栄させられようとしている」と言うのです。これなら将来のことですから、そう言っても嘘を言っているという気分になりません。

このような進行形にしたものを、心のくつろいだ時、夜眠る前、朝、目覚めた時など、力まないでゆったりした気分で繰り返すのです。これなら潜在意識も抵抗なく受け入れてくれます。

32

〝繁栄している人〟は信じる力が強い

困った時はじたばたするより、心静かに繁栄の祈りを潜在意識に送り込んだ方がよい。

マーフィー博士がある時、売上げ不振で財務状態もたいへん悪く、大いに煩悶していた実業家に、会社に行ってゆったりと椅子にすわり、静かに「売上げは毎日よくなっていく」という言葉を何度も何度も繰り返すようにすすめました。

その実業家は、これを実行しました。この簡単な言葉は、意識する心と潜在意識を協力させることになったのです。いろいろな新しいアイデアや運のよいことがそれに加わり、祈った言葉どおりのことが実際にも起こりました。

「そんな簡単な祈りでうまくいくぐらいなら、世の中に苦労はねえや」という人も多いと思います。そういう人が多いから、世の中には困っている人が多いのです。

あなたは、本当に繁栄している人と直接会って話したことがありますか。そういう人に共通するのは、驚くほど簡単な祈り方を知っていることです。そしていつでも、「俺のやることはうまくいくんだ」と思っています。

そういう人は、むずかしい場面に出会っても心の平静さを失わない人です。結局、自分の関係した物事はうまくいくのだという深い信念があるのですから、次から次へとうまい考えが浮かんでくるし、また都合のよいことが起こったりするのです。

これに反して、成功しない人はすぐ逆上してしまいます。態度に出ないまでも、心の中はすっかりみだされてしまい、暗い方へ、暗い方へと想像が走ります。潜在意識はもちろん、そういう暗い感じも引き受けてしまうのです。そうすると、その人には、実際心配したようなことが起こります。

33

一日一回、「私は金持ちになりつつある」と言おう！

富裕感を潜在意識に植えつけるには、富や成功を示す単語を繰り返すだけでもよい。

「私は金持ちだ」と口で言いつつも、本当は貧乏なんだ、と思っていれば、その心の底の感じの方が潜在意識に刻印されるという危険があります。だから、現在進行形で「私は金持ちになりつつある」という言い方が安全です。

もう一つ簡単な方法は、単語を繰り返すことです。たとえば「富」、「富裕」、「豊かさ」など、あなたの好きな富に関する単語でよいのです。あるいは「成功」、「達成」などというのでもよいでしょう。こういう単語は、普通の人の知覚しない、恐ろしい力があります。

それは、潜在意識の内にひそむ力を表わしている言葉だからです。あなたは、自分の内なるこの強力な力に自分の心を結びつけておかねばなりません。そうしますと、こういう単語の本質や性質に応じた状態や環境が、あなたの生活の中に現われてくるのです。

「自分は金持ちだ」とむりに思い込もうとするのではありません。ただ単に、あなたの内なる真の力に思いをひそめるのです。

「富」という時、それは単語ですから嘘でも何でもありません。ですから、心の中にも何の葛藤もありません。

ですから、この「富」、「豊かさ」などという考えに思いをひそめていると、心の真の内奥部《ないおうぶ》から、富裕な感情が湧き上がってきます。こうなれば、しめたものです。万能の潜在意識は、あなたの心の底なる感情に必ず反応して、そういう状況を実際にあなたのまわりに作り出す力を持っているのです。富裕な感情はあなたに富をもたらします。

四六時中、このことを忘れないで下さい。

34

"嫉妬心"は確実に富と成功を遠ざける

嫉妬は、あなたの富裕にいたる道をはばむ最大の敵だ。

多くの人を貧乏にしているのは、実に嫉妬の感情です。たとえば、自分の知人が銀行に多額の預金をするのを見て、預金の少ない人が抱く感情は嫉妬心でしょう。そして、嫉妬心を抱いている限り、その人は豊かになれないのです。

というのも、潜在意識は、嫉妬を単なる否定的な感情として受け取るからです。

要するに、他人の富をあなたが嫉妬することとは、富に対して否定的な感情を抱くことです。あなたの意識する心が否定するものは、潜在意識も否定して受けつけないのです。他人の富を嫉妬する限り、富はあなたへと流れてこないで、あなたから流れ出て行きます。

私は若い頃、貧しい人たちと働いたことがあります。世の中には貧民を礼賛する学者などもいますが、私が見た貧民たちに最も支配的な感情は、嫉妬でした。彼らは自分の仲間のうちで、少しでも金まわりのよくなった者や、出世した者に徹底的に悪口を言い、嫉妬します。また兄弟の中で少し豊かな生活をしている者は、他の兄弟に徹底的に嫉妬され、悪口を言われているのが常でした。

つまり貧しい者同士では助け合ったり、美しい行為をしたりできるのですが、その仲間が少しでも豊かになるのは我慢できないタイプの人たちがほとんどでした。

私はその後、中産階級の人とも、富裕な階級の人とも知り合うようになりました。そして、豊かな階級の人たちには、他人のよい話を喜ぶ気質の人が多いことを発見しました。例外はあるでしょうが、貧乏人は自分より哀れな境遇の人への同情心は強いが、自分より暮らし向きのよくなった人への反感が強く、富裕な人は時として同情心は強くないけれども、人の成功をも喜ぶ傾向が強いと言えるようです。

あなたが同情心の強い人になるのは結構ですが、あなたよりよい暮らしをする人に反感を持つのは、やめなければなりません。

35

人の幸運を祝福すると、その〝おすそ分け〟がある

他人の富を祝福することが、とりもなおさず自分にも富を招き寄せることになる。

自分が貧しい時、あるいは困っている時に、巨富を持っている人、うまくやっている人を嫉妬するのは人の常です。

しかし、嫉妬することは、富そのもの、幸運そのものに対して否定的な感情を持つことになり、それは潜在意識に刻印され、あなた自身が富や幸運から遠ざけられてしまうのです。では、そういう時にはどうしたらよいでしょうか。

そういう時は、すぐに祝福してしまうのです。誰かが巨富を得たということを知って嫉妬の心が起こりかけてきたら、すぐに、「彼とその富に祝福あれ」と言うのです。その人のために喜んでやるのです。

そうすると、あなたの意識する心が、富や幸運を肯定することになり、それが

潜在意識に受け入れられ、あなたにも富や幸運がもたらされるのです。

しかし、祝福だけでは物足りないと思う人は、さらに自分のための祈りをつけ加えてもよいのです。「彼は巨富を得たそうだ。彼とその富に祝福あれ。そして、私にもそのような幸運がきっとくるでしょう」と言うのです。

昔、株でもうけた人は、「人もよかれ、われもよかれ。われは人より、もうちょっとよかれ」と祈っていたそうです。

ここには否定的な言葉、否定的な考えが少しも含まれていません。しかも、人間の心理に自然です。このようなすぐれた祈りを考えた人がうまくやっているのは、当然と言うべきでしょう。

日本のことわざに「人を呪《のろ》わば穴二つ」というのがありますが、これはまさに潜在意識の法則をよく言い表わしています。あなたは人の幸運を祝福してください。これはとりもなおさず、自分にその幸運を引き寄せていることになるのです。

36 あなたには「金持ちになる権利」がある！

「金持ちになるのは私の権利だ」と大胆に断言しなさい。そうすれば、潜在意識はあなたのその断言にむくいてくれる。

あなたには金持ちになる権利があります。あなたは豊かな生活を送り、幸福で輝くばかりで、自由であるためにこの世に生まれてきているのです。ですから、充実した、幸福な、富裕な生活を送るのに必要なお金は十分に持てるはずです。

神は（潜在意識という意味で「神は」と言ってもよい）この宇宙を創りました。それは無限の富を意味します。それと同じ神、あるいは潜在意識から生じたあなたが、困窮しつづけなければならないはずはないのです。

あなたは、自分を美と贅沢で囲むべきです。あなたが豊かになりたいという欲求は、より充実した、より幸福な、より素敵な生活を送りたいという願望なのですから、それは宇宙的調和に基づく要求なのです。それは、単によいことであるのみならず、非常によいことなのです。

私の知っている姉妹の話をしましょう。姉の方はいわゆる人がよく、進んで犠牲を引き受けるタイプでしたが、怒りっぽく、いらいらしていました。妹の方は俗に言えば調子がよく、自分の都合のよいことばかりを考えているようでした。「私は幸せになるんだ。素敵な結婚をして金持ちになる」などと言っていました。姉の方は、「妹は虫がいいんだから」と言って、もっぱら親のために働いていました。そして、妹がきれいなドレスを身につけてダンスに行くことを快く思っていませんでした。

その後の二人の運命は、注目に値します。姉は少しも幸せなことがなく、しまいには癌になりました。妹の方は恵まれた結婚をしたのです。これまでの道徳によれば姉の方は親孝行で、妹はわがまま娘ということになり、姉の方がはるかに立派ということになります。しかし、現実の問題として、姉は不幸で妹は幸福だったのです。この本は説教をする道徳の本ではありません。宇宙の大真理を紹介するためのものです。そして、真理にそむいた道徳は不幸を産むのです。

37

〝負けおしみ〟を言っている間は〝負け組〟だ

貧乏には美徳などひそんでいない。
それはほかの多くの心の病気と同じく、一種の病気である。

もし、あなたの体が病気になったら、自分にはどこか悪いところがあると思うでしょう。そして直ちに助けを求め、その状態に対して何か手を打つでしょう。同じように、もしあなたの生活の中でお金が十分に循環していないならば、あなたにはどこか根本的に悪いところがあるのです。

あなたの内なる生命の原理は、より豊富な生活を志向しているのであって、貧しいことは生命の本来の欲求にそむくことなのです。あなたはあばらやに住み、ぼろを着、すきっ腹を抱えて暮らすために、この世に生まれてきたのではありません。あなたは、幸福で富裕で成功しているべきなのです。

ところが、過去において多くの宗教や哲学は、貧しいことの美徳をのべてきました。しかし、それは特殊な状態においてです。暴政や全体主義国家など、個人の価値を低く見るような体制下にあっては、個人が富むことは体制によって否定されてきたのです。

そういう社会では、暴政や独裁をする立場にまわらなければ富むことがむずかしいので、あきらめとして貧しいことをたたえたのでした。いわば一種の負けおしみです。

しかし、私たちが生きている社会は、個人が自由に自分の生活様式を選べるよい社会です。私たちは独裁者や暴君にならなくても、豊かで幸福で成功できるのです。

生命の原理をねじまげていた時代の隠者などがあきらめとして作り上げた価値観に、いまのあなたが左右されるのはおかしいことです。生命の原理は豊かさを志向していることを一時《いっとき》も忘れないでください。欠乏は生命の原理の作用不足ということで、あるべき姿ではないのです。

38

「お金を非難する人」にお金は寄りつかない

決してお金の悪口を言ってはいけない。
お金の悪口を言えば、お金はあなたから逃げていく。

お金についての変な考えや迷信は、いっさい、あなたの心の中から一掃しなければなりません。お金を悪いものだとか、きたないものだというふうに考えては絶対いけません。自分の心が非難しているものは失うことになるのだ、ということを忘れないでください。

多くの人がいまぐらいのお金しか取れない理由の一つは、その人たちが心の中で、あるいは口に出してお金の悪口を言っているからです。そういう人たちは、お金のことを「きたないお金」と言ったり、「金銭愛は悪のもと」などと言います。

お金は交換の象徴で、それはあなたを欠乏から自由にし、美と贅沢と豊富と洗練をもたらします。血液があなたの体を自由に循環している時、あなたは健康です。それと同じように、お金があなたの生活を自由に循環している時に、あなたは経済的に健康です。国家においても、その成員のおのおのにお金が十分に循環している時にその国家は健康なのであって、その循環が乏しい時は、はなはだ悪い状態なのです。ですから、悪いのはお金が循環していないことなので、お金が悪いのではないのです。

お金は何世紀もの間、交換の手段としていろいろな形を取ってきました。たとえば、美しい貝や、玉や飾り物などの時代もありました。人の富がその人の持っている羊や牛の数で決められていた時代もあります。米俵の数だったこともありますし、金や銀だったこともあります。

いまでは貨幣やその他の流通証券を用いますが、これは勘定を払う時、牛や羊を連れたり、米俵を背負って歩くよりは、小切手を書いたり、クレジット・カードを用いたり、お札で払う方がずっと便利だからです。

米俵や、牛や羊や、金や銀が悪いものであるはずがありません。それは生命の原理によって、この世に形を取って作り出されたものなのですから。

39

この〝万能の手段〟を味方につけた人は強い！

お金を呪う人は、火を呪うのと同じく、本来よい物も使い方によっては悪となりうる、ということを知らない幼稚な考え方の人だ。

「私は破産しました。私はお金を憎みます。それは諸悪の根源です」と言った人がいます。

しかし、この考え方は本当におかしいのです。「私は火事にあってすべて焼かれました。私は火を憎みます。それは悲惨の根源です」などという人がいたら、あなたはその人は少し頭がおかしくなっているのだ、と思うでしょう。火は、それ自体は悪いものではなく、私たちが冬に暖かくすごせるのも、料理した食物をとれるのも、火のおかげだからです。

お金は宇宙の富の交換手段でありますから、それを呪うのは錯乱したノイローゼを示す以外の何物でもありません。また同時に、交換手段を絶対視する人も、一種の錯乱した心の持主です。

もしあなたが「お金を貯めることにあらゆる注意力を向けてやるぞ。ほかのことは、いっさいどうだっていいんだ」と思うなら、お金をもうけ、財産を築くことができます。

しかし、欲しいのはお金だったと思ったところ、自分の欲しかったのはお金だけではなかったことがわかるでしょう。自分にひそんでいる才能を本当に表現してみること、人生において自分にふさわしい地位につくこと、美や他人の幸福や成功に貢献する喜びも欲しいことがわかるでしょう。

お金は手段で、それ自体が目的でないことも、そのうちわかるでしょう。

しかし手段は必要ですし、これがないことには話になりませんから、潜在意識の法則を使って、何千万円でも手に入れてください。

そして、その豊かな手段を使って、心の平和、調和、完全な健康、人をも自分をも幸福にする活動をしてください。

40

「お金が好きな人」にお金は流れていく

宇宙の富の象徴であるお金が、豊かにあなたの生活を循環するように、その循環を信じて肯定しなさい。

自分の潜在意識について知ることが、あらゆる種類の富、つまり精神的な富、金銭的な富にいたる近道です。あなたがマーフィーの法則を研究しているならば、経済状況や、株式市場の景気や、不況や、ストライキや、戦争など、あなたのまわりの状態や環境に関係なく、また富の取る形に関係なく、あなたは常に豊富な供給を受けるでしょう。

その理由は、あなたは自分の潜在意識に富の考えを送り込んだからです。潜在意識は、あなたのような人には決して不自由させません。潜在意識についてよく知っている人は、お金はいつでも自分の生活を自由に流れており、いつでもありあまるほどあるということを心の中で確信しています。

万一、国の政策が明日にでも破産して、第一次大戦後のドイツ・マルクのように、すべての人の現在持っている貨幣が無価値になるような事態が起こったとしても、新しい通貨がどのような形を取ろうと、あなたは依然として、それに関係なく富を引きつけ、間断のない富の供給を受けつづけるでしょう。

お金がどんどんあなたに向かって流れ込んでくる、簡単なテクニックを紹介しましょう。次の言葉を一日数回、体も心もくつろいだ時に、ゆっくり自分に繰り返してください。

「私はお金が好きだ。私はお金を愛する。私はお金を賢明に、建設的に、思慮深く使います。私はお金を喜んで手放しますが、それは素敵な具合に何倍にもふえて私のところにもどってきます。お金はよいものです。実によいものです。お金は私のところに、なだれのように豊富に流れてきます。私はそれをよいことだけに使います。私は自分の利益と、私の心の富に感謝します」

この祈りをしばらく繰り返していれば、あなたの生活を魔法のように豊かにしてくれるでしょう。

41

〝本当にやりたいこと〟があれば、お金の心配は無用

結果を心の中に見ることができれば、その結果を実現することを潜在意識が引き受けたことになると理解せよ。

マーフィー博士がオーストラリアを旅行していた時、医者になりたがっていた少年に会いました。マーフィー博士はその少年が素質もよく、性格もよく、立派な医者になるだろうと思い、援助してやろうと思いました。しかし、マーフィー博士は彼に金を与えることをしないで、金と同じもの、つまり、必要なお金を自分に引きつける法を教えてやったのです。

その少年は診療所の掃除、窓ふき、ちょっとした修繕の仕事をしていたのですが、金持ちの親類や知り合いもなく、金銭の援助を与えてくれそうな人が現われる可能性は、絶無のように見えました。

「土に播かれた種は、必要なものをすべて自分に引きつけて成長するのだよ。君

も植物の種から教訓を学んで、必要な考えを君の潜在意識に播けばよいのだ。そうすれば君の考えは大宇宙から必要なものを引きつけて、具体的に実現されずにはいないのだから」

マーフィー博士がこう言うと、その少年は次のようなことをやり出しました。彼は、医師免許状が壁にはってあり、それには大きな字で自分の名前が書いてあるところを毎晩眠りにつく前に心の絵に描きました。そして、その免許状の入っている額のガラスをみがいている自分の姿をも、心の絵に描きました。

約四カ月も毎晩飽くことなく、この心の絵を描きつづけていますと、はっきりした結果が出てきました。そこの医者の一人がその少年のことをとても気に入って、器具の消毒の仕方や皮下注射のやり方や応急手当の仕方を教えてから自分の病院の専門助手に雇い、その後、彼を医学校に入れてくれたのです。

そして彼はいま、カナダのモントリオールで開業していますが、自分の診療所で、自分の名前が書いてある医師免許状を見上げて、それは何年も前にオーストラリアで見たことのあるものだ、と言っています。

42

昇給、昇進にも〝作用・反作用の法則〟が働いている！

心の底で自分の属する組織を非難するものは、潜在意識的にその組織とのきずなを断っていることになる。

大きな組織の中で働いている人が、自分は十分な給料をもらっていないとか、自分の努力は認められていないとか、もっと給料も上がり、もっと認められてもよいはずだ、などとひそかに考えて腹を立てているならば、その人は潜在意識的に自分と組織とのきずなを断ち切っていることになります。

その人は一つの法則を動かしているわけで、アメリカなら監督者か支配人がその人に「君はやめてもらわねばならない」と言うことでしょうし、日本でなら簡単にくびを切られることはないにしろ、昇進がとまったり、前途の少ないポストに回されることになるでしょう。

くびを切ったり、昇進をとめた支配人は、その人の否定的な心の状態を確認した道具にすぎないのです。潜在意識の中では、作用と反作用の法則が支配しており、これはその一例です。この場合、作用というのはその人の考えのことであり、反作用というのは、その人の潜在意識の反応のことなのです。

では、そういう場合はどうすればよいでしょうか。まず、あなたの正直な感情をよく見つめてみましょう。あなたの属する組織体のどこに本当にいたいのか、どういう地位にいたら、いま、本当に生きがいがあるかを考えましょう。

もし、そのポストが決まったら、そのポストで自分が生き生きと活躍しているところを目の前に描いてください。そして、そのポストで立派な仕事をして、周囲の人の祝福を受けるところを想像してみてください。

そして、一日に少なくとも二度、眠る時と目覚めた時に、体をゆったりとさせた状態でこの心の絵を描きつづけてください。効果は物理の法則のように、必ず現われてきます。

43

〝カツカツの生活〟から抜け出す一番確実な方法

やっとやっていけるだけのお金を欲しがるべきではなく、やりたいことをすべて、やりたい時にやるだけのお金を欲しがりなさい。

あなたの潜在意識は、無限の富に連なっていることを忘れてはいけません。あなたは無限の富を潜在意識の中に持っているのですから、希望する富は、けちけちしたものである必要はないのです。

たとえば、あなたが間借りしているとします。そして家を欲しがっているとします。その時、あなたはたいてい、十五坪ぐらいの家を頭の中に描くのではないでしょうか。

しかし、そんなにけちけちすることはないのです。ゆっくり体をくつろがせて、もっと豊かな想像をしてください。そして時々、散歩してください。そうすれば住宅地には、きっとあなたの夢をそそるような家がいくつか見つかるでしょう。

住宅の雑誌をのぞいてください。そこにも、きっとあなたが素敵だと思う家の設計が見つかるでしょう。このようなことを繰り返しているうちに、あなたの理想とするようなイメージが定着することでしょう。

そうしたら、それを方眼紙に描くのです。そして、その家がすでに建っていること、そこにあなたがすでに住んでいるところを想像してください。おそくても数年たつと、思いもよらない方法で、そういう家に住んでいることに気づいて驚かれるはずです。

五十メートル上空を飛んでいる雀を撃つのも、五十メートル先の枝にとまっている雀を撃つのも、そのむずかしさには変わりありません。

あなたが家を欲しいと思う時、潜在意識にとっては、その願望をかなえるのにその家が小屋であろうと、堂々たる家であろうと困難さに差はないのです。

志を高く持ちましょう。常識に反するようですが、潜在意識の法則を知れば、大きい家を持つむずかしさと小さい家を持つむずかしさは、同じと言ってよいのです。

44

〝一かどの人物〟に共通する〝あること〟

成功した実業家とは、自分の事業計画が成功している状態をまざまざと見ることができた人だ。

石油王フラグラーは、自分の成功の秘訣は自分の計画が完成したところを見る能力であると自認しています。彼の場合、目を閉じて巨大な石油産業を想像し、汽車がレールの上を走るのを見、汽笛の鳴るのを聞き、煙を見たのでした。自分の祈りがかなえられたところを見てそれを実感すると、彼の潜在意識はそれを実現してくれたのです。

目的をはっきり想像するならば、自分の知らない方法で、潜在意識の奇跡を起こす力を通じて必要なものが手に入るのです。

あなたが名前を知っているような実業家、あるいはそれほど有名でない人でも、繁栄している事業をやっている人は、その事業が繁栄しているところを頭の中に描きつづけて、それが実現している光景を潜在意識に前から送り込んでいた人たちです。そして、完成した仕事の絵に引きつけられるように、その方に向かって進んで行った人たちです。

また偉い学者になった人も長い間、低給の助手時代があったはずです。学者になるくらいの人なら頭は悪くないはずですから、ほかの仕事をいろいろさがせばあったに違いないのです。

にもかかわらず、結婚もできないような低給をさほど不満にも思わず、衣食を節して本など買って勉強するのはなぜなのでしょうか。

そういう人たちは、自分が偉い学者になって、自分の研究している姿や学生に講義している姿が目に見えるからなのです。あるいは、自分の研究が雑誌や本になって、同じ学問をしている人に読まれ、批評されたりする場合のスリルが感じられるからなのです。

どの分野でも一かどの仕事をしている人は、その活動をあらかじめ自分の心の中で見た人であることを忘れないでください。

45
〝勤勉で有能〟なだけでは昇給も昇進もできない
思うようにお金のたまらない人は、心の最も深いところで「お金をいらない」と言っている人なのだ。

ある会社の才気豊かな若手重役がこうこぼしました。

「私は毎日忙しく、夜は遅くまで働いています。いままでに経営に関する私の提案や意見はよく取り上げられ、そのため会社はずいぶんもうけてきました。ところが、私は過去三年間、一度も昇進しておりません。私の部下でさえ昇給したり、昇進したりしているのですが」

実際、この男は勤勉で才覚もあり、会社のために骨身も惜しまず働いていました。そこで、彼が昇給しない理由をしらべてみると、それは彼の家族問題にあったのです。彼は妻子と別居し、三年間にわたって財産、別居手当、子供の養育費などで争っていたのです。

無意識のうちに、つまり心の奥の奥で、彼はその訴訟の決着がつくまでは、余分なお金は欲しくないと思っていたのです。つまり、彼はお金をもうければもうけるほど、別居手当も多く払わなければならなくなるので、そのことからまぬかれたいと思っていたのです。彼は妻を憎んでいましたから、「これ以上、金はやるものか。あいつを豊かにしてはやらないぞ」と思っていたのでした。

彼はまさに「お金はいらない」と決めてかかっていたわけでしたし、「妻を豊かにしたくない」という感情は、富に対して否定的な態度を取ることですから、彼の経済生活のすべての面にわたってマイナスの影響をふるっていたのでした。

マーフィー博士に指摘されて、この若手重役は明敏な人でしたから、自分の致富と昇進をさまたげていたのは、自分自身にほかならぬことを発見しました。そして、自分の幸せのためにも別れた妻と子供たちに対し、健康と愛と平和と繁栄を望むべきであると悟りました。そして、祈り始めたのです。

数週間して、彼には大きな昇給の知らせがありました。それより驚いたことには、別れた妻の方から和解を求めて来て復縁したのです。

46 貧しい〝炭鉱夫の息子〟でも〝一流の外科医〟になれた！

富は心の状態であるが、同時に心の状態が富を作り、名声を作るのだ。

マーフィー博士が知り合いになった外科医の話です。この外科医はウエールズの炭鉱夫の息子でした。父は低賃金で働いていたため、この少年もはだしで学校に通ったぐらいでした。そして、肉も大祭日以外は食卓にのぼることがありませんでした。

ある日、この少年は、外科医の手術によって友達の眼病が治ったのを見て感激し、父親に「外科医になりたい」と言ったのでした。彼の父はこう答えました。

「お父さんはお前のために二十五年間も貯金してきて、いま、三千ポンドもあるんだ。これはお前の教育のためなんだが、それよりもお前の医学の勉強が全部終わるまで手をつけないでおいた方がよいと思う。学業がすんだらハーリー街（ロンドンの一流の医者が集まっていることで有名な通り）にでも立派な設備をした、いい診察所を開くためにそれを使うというのはどうだろう。その間に利子もつくから、お前が使いたい時は、いつ使ってもいいんだよ」

この父の温かい思いやりと配慮は、この少年をふるいたたせるに十分でした。彼はそのお金には開業するまで手をつけないことを約束し、猛烈に勉強して医学の専門校に進学し、アルバイトしながら卒業しました。

彼の卒業の日、父親は言いました。

「お父さんはしがない石炭掘りをしてきて、それでどうなったわけでもない。銀行には一文もないし、いままでもなかったのだ。が、お父さんはお前が自分の中にある無限の金鉱を掘りあててもらいたいものだと願ったのだ」

その若い外科医は、あまりにびっくりして、しばらく何のことかわからないぐらいでした。しかし、銀行に三千ポンドあると信じたことは、実際、持っているのと同じ作用をして、自分の目的を達成させたのだということを悟りました。

外的なことは内なる確信の表われなのです。

47

こんなふうに考えれば、三カ月で収入が三倍になる!

富める者は、ますます富む。

「持っている人にはなお与えられ、持っていない人からは、持っているものまで取り上げられるであろう」(ルカ伝十九章二十六節)。これは「富める者はますます富み、貧しき者はますます貧しくなる」という意味ですが、聖書の言葉とは思えぬほど残酷なひびきがあります。しかし真理です。

真に富める人というのは、思考することの持っている創造力について知っており、豊富と繁栄の思想を、たえず強く潜在意識に刻印しつづける人です。

すべての根源である心の限りない富に注意を払う人は、ますます富みます。地に落ちた一粒の種は、やがて数百の種を産むように、あなたの富の種(富の考え)は、やがてあなた自身の経験するところとなり、おびただしく倍加されてその姿を現わします。

マーフィー博士の知り合いの不動産業者は、はじめすべての物は限定されたものであり、特に国の富は大富豪たちの一族によって占められ支配されていると考えて、憤慨しておりました。また、そういう社会だから、他人にきつい値切りを強要したり、買い占めて人を窮地におとしいれたり、人の無知や知識不足に乗じて得をしなければ、成功できないと考えていました。そして、競争こそ勝利の道だと考えていました。

ところがマーフィー博士を通じて、富は無限であることを知らされたのです。他人のものを取り上げることなしに、自分は何でも手に入れることができるのだと悟ったのです。そして、競争よりも、人と協力して事を運ぶ道を選びました。

彼は「神の限りない富は、私がそれを使うのと同じ速さで私のもとに流れてくる。そして、誰もが日ごとに豊かになっていく」という祈りを三カ月唱えつづけました。そして、その三カ月のうちに、彼の収入は三倍になったのです。心の富める者はますます富むのです。

4章

〝良質の暗示〟はどんなクスリよりも効果がある！

48 ノーベル医学・生理学賞学者も認める〝自己治癒の奇跡〟

信念が本当に深まると、奇跡としか言いようのないことが起こる。

暗示療法などは、最近ではだいぶ有名になってきています。ところが普通、暗示はそれを受ける人にしか効果はありません。暗示は潜在意識に働きかけるわけですから、潜在意識の本質を考えてみるならば、その影響が、当人でない人に出てもよいわけです。

ロンドンのキャクストン・ホール所長のイブリン・フリート博士の話です。ある男の娘が不治の皮膚病にかかり、関節炎も患いました。医者の治療も受けましたが、いっこうによくなりません。

その父親は「私の娘が治ってくれれば、私の右腕をあげてもよい」と言いながら、強烈に娘が回復することを念じておりました。

二年ほどたったある日、その家族がドライブに出かけて衝突事故を起こしました。その事故で父親の右腕はもぎ取られました。不思議なことに、彼の娘もそれと同時に、皮膚病も関節炎も治ってしまったのです。きっと二年間、その父親が頭に描いていたことが潜在意識に受けとめられたのでしょう。

潜在意識は、自分で判断することを知りませんから、受け取ったとおりに実現したのです。それは祈っている男に実現したのみならず、違う人（この場合、彼の娘）にも起こったのです。これは潜在意識がある場合には、個人を超えて働くものだとしなければ説明できません。

ノーベル医学・生理学賞を受賞した世界的外科医アレキシス・カレル博士も、このような不思議なことが時々起こることを認めています。

49

難病の奇跡的治癒に隠された〝壮大なメカニズム〟

潜在意識は人間の肉体としての存在を可能にしているものであるから、それに巧みに働きかければ病気を治すことができる。

私たちは誰が手を貸したのでもないのに、目にも見えなかったような小さい受精卵から、手足が出たり、目や耳ができたりして、現在の自分たちがあるわけです。それを、そうなるようにしたのは意識しない心、つまり潜在意識です。

私たちの存在を可能にした潜在意識ですから、私たちの肉体の不調和である病気を治すこともできるはずです。ただ、潜在意識に働きかける、その方法が問題なわけです。

どんな宗教でも、奇跡は起こります。キリストも仏陀も、創価学会も、必ず奇跡を示します。これは、人間が深い宗教的な気持ちに満たされる時、意識する心が一時働くことをやめ、潜在意識がいわば露出して、直接それに働きかけることができると考えられるからです。

素人でもわりに働きかけやすいのは、イボです。イボは数えると治ると言われていますが、数えるから治るのではなく、治ると思っていて数えるから治るのです。マーフィー博士も、医者さえ治療できなかった悪性皮膚病を祈りで癒したことがあります。彼の祈りは、次のようなものでした。

「私の肉体とその器官のすべては、私の潜在意識の中にある無限の知性によって作られたものです。時計職人が時計の故障を直せるように、潜在意識の知恵も自分が作り上げた私の器官、組織、筋肉、骨など、存在のすべての原子を変えて完全に治療してくれています。現在、治癒は起こりつつあることを私は知っており、それに感謝します。私の内なる『かの創造的知性』の働きはすばらしきかな」

マーフィー博士はこの祈りを一日二、三回、約五分ずつ、声を出して祈ったのですが、約三カ月してその皮膚病はすっかりよくなったのです。

50

なぜ"木の切れはし"で重症の肺結核が治ったのか?

何を信じても、信じることさえできれば、潜在意識は働き、奇跡が起こる。

日本には「鰯《いわし》の頭も信心から」ということわざがあります。鰯の頭でも心から信仰すればご利益がある、ということです。マーフィー博士の親類にも、こんな話があります。

その人は、老人性肺結核にやられて重症でした。そして、西オーストラリアに住んでいて、回復の見込みがなかったので、息子も家に帰ることになりました。しかし、この息子は信仰と潜在意識の関係をよく知っておりました。そして、こう言いました。

「お父さん、私は奇跡のよく起こるヨーロッパの霊場から戻ったばかりの修道士にたまたま出会いました。この修道士さんは、本物の十字架の一きれを持っておいででした。無理にゆずり受けたので、五百ドルをその修道士に寄付しました。この本物の十字架に触れただけで、キリストに触れたのと同じような奇跡が起こると言われているのですよ」

と言って、木の切れはしの入った指輪を父親に渡しました。

その時七十四歳の父親は、この思いがけぬ息子の親孝行に感激し、その指輪をひったくるように胸に抱きしめて、静かに祈ってから眠りについたのです。そして、翌朝目が覚めた時、すっかり丈夫になった気がしました。そして病院の検査結果も、すべて陰性であることがわかりました。

ところが本当のことを言えば、息子が持ってきたのは本物の十字架の切れはしなどではありませんでした。彼は道端から木の切れはしを拾い上げ、宝石店に行って、本物らしく指輪にそれを入れさせたのです。

このように、彼の持ってきたお土産はインチキでしたが、その父親に与えた治癒は本物でした。父親はその後まったく再発せず、それから十五年生きて八十九歳でなくなりました。

51

〝マイナスの妄想〟をだまらせる催眠療法

催眠術は、要するに潜在意識に働きかける一つの方法にすぎない。

催眠術を病気の治療にはじめて使ったのが、ドイツ人のフリードリッヒ・アントン・メスメル（一七三四―一八一五）であることはよく知られています。

彼は一七七八年にパリに診療所を開いたのですが、これは普通の病院の診療室とはまったく違っていました。そこは高価な絵や、クリスタル・ガラスを使った装飾、時計もロココ風、床には厚いペルシャじゅうたんといった、当時の王侯貴族の屋敷のような豪華な部屋でした。

その部屋の真ん中には、大きな丸い桶が置いてあり、そこから鉄の棒が何本も突き出ています。患者がそれを握ると、部屋の片隅にいる楽団が単調な音楽を演奏します。そこへ豪華な装いをしたメスメルが登場し、音楽に合わせながら患者のまわりを回り、患部に手を触れるのです。患者はぼーっとしています。

そのうち音楽がやみ、いつの間にかメスメルの姿も消えています。ふと患者が気がつくと、病気は治っているという具合でした。

メスメルはこれは「動物磁気」によるものであると言っており、この治療法はメスメリズムと呼ばれました。もちろん、今日の科学から見れば、これは根拠のないインチキです。しかし、治癒率は実際に非常に高く、国王ルイ十六世までよく受診したと言われています。

このメスメリズムは、今日でいう催眠療法です。そして催眠療法とは、とりもなおさず、あなたの意識する心をぼーっとさせて、潜在意識に直接働きかけることを意味します。意識する心は判断する心ですから、それが働いている時は、暗示を受けても「そんなことはあるまい」と判断したりします。それで、潜在意識は意識する心の判断に従ってしまうわけです。

ところが、判断する心がぼーっとなっている時は、潜在意識は暗示を受け入れます。そして、受け入れたことを潜在意識は必ず実現するのです。

52

"快癒の祈り"は時間も空間も軽々と超越する

ロサンゼルスにいる人がニューヨークにいる母の健康を祈っても、潜在意識が感応すれば治癒が起こる。

潜在意識は一つしかありません。世界を創造した心は、一つしかありません。そして、それには時間も空間もありません。あなたを通して作用するものも、あなたのお母さん（お母さんに限らず誰でもよい）を通じて作用しているものも、根本的には同じ心なのです。

マーフィー博士の話を聞いたロサンゼルスの一女性は、ニューヨークで冠状動脈血栓症になっているお母さんのために、次のような祈りをしました。

「癒す力は、ちょうど私の母のいるところにあります。母の体の状態はスクリーンに投影された影のように、彼女の思念生活の反映にすぎません。スクリーンの絵を変えるためには、映写フィルムを変える必要があることを私は知っています。

私の心がいま、母の映写フィルムになります。私は、心の中に調和と無欠と完全なる健康の絵を投影します。母の体とその全器官を創造した無限の治癒力が、いまや彼女という存在のすべての原子に染み透り、平和の川が彼女の肉体の各細胞を通って流れていきます。医者は万能の知恵に導かれて、母に正しい手当をします。病気というものには究極的実在性はなく、不調和であることを知っています。私は、いまや愛と生命の無限の原理と手をつなぎます。いまや調和と健康と平和が母の肉体に現われつつあることを知り、かつそうなることを命じます」

彼女は一日数回、右のような祈りをしたところ、彼女の母は数日後にきわめてめざましい回復をして、担当の専門医を驚かせました。

娘の意識する心の結論によって、潜在意識は時間と空間を超える創造活動をして、それが彼女の母の肉体を通じて顕現したのです。

祈りが、祈られていることを知らない他人にも効果があることは、知られていながら、きちんと説明されたことがありません。しかし、マーフィーの法則は見事にこれを説明してくれます。

53

〝ゆがんだ考え〟からは活力も健康も生まれない

あなたの望むことを明確に肯定することによって、奇跡的な効果が得られる。

数学の問題には通常、正解は一つです。ところが、すべての数学の先生が体験しているように、生徒の解答は実に種類が多く、よくもこう考えられるものだというほど、いろいろな間違いをしています。

正解はたった一つなのに、間違いの方は無数にあるということは、数学の原理はあるけれども間違いの原理はないことを示しています。同じように、真理の原理はあっても虚偽の原理はなく、知性の原理はあっても無知の原理はないことを示しています。

健康も一つしかないのに病気の種類が無数にあることは、数学の問題と同じです。つまり、健康は真理なのです。つまり健康こそあるべき姿なのです。したがって、祈りも、この原理を肯定するだけで、奇跡を起こすことがあります。

マーフィー博士の妹のキャサリンさんが、英国で胆石除去の手術をすることになりました。レントゲンやいろいろの検査の結果、そのような診断が下されたのです。その時、地理的に遠く離れた所にいたマーフィー博士は、妹さんの病状や、その他の具体的なことを考えるのはやめて、原理を肯定する祈りを数百回捧げました。

「キャサリンは今、くつろぎ、平静で晴朗で穏やかな気持ちでおります。彼女の肉体を創造した潜在意識の治癒力ある知性は、いまや彼女の潜在意識の中におかれている全器官の完全な型に従って、彼女の体のすべての細胞や神経や組織や骨を変えております。彼女の潜在意識の中のゆがんだ考えの型は、音もたてずに静かに取り除かれ消滅させられ、そして生命の原理から発する活力と健康と美が彼女の体のすべての原子に顕現されてきています……」

そして、二週間後に検査してもらったところ、彼女は全治し、手術は不要になりました。

54

健康は〝あるべき姿〟であり〝唯一の絵〟である

現代人が真に深く信じるためには、
まず十分に理性を納得させることが必要だ。

未開人やきわめて幼稚な人を信じさせるには、理屈による説明は不要です。しかし、近代科学を知っている人は、その信じることが理に合わなければ、なかなか信じられません。

この点に注目して大きな効果をあげたのは、アメリカのクインビー博士です。彼は精神療法の草分けの一人でありますが、彼の用いた方法は、知性的な患者を治療しようという時は、その患者と潜在意識に関して徹底的に論争して、潜在意識の本質を患者に納得してもらうのです。そうした上で、祈りについて指導してやったのでした。

彼はすべての治癒の基礎は、信念を変えることにあると病人に話しました。潜在意識は人の肉体とその全器官を創造したのですから、潜在意識は治癒する方法も知っているし、治癒することもできるし、いまこのように話している間にも治癒しているのだということも指摘してやります。

内なる治癒力は最初に全器官を創造し、その中の全細胞、神経、組織の完全な型を持っているのだから、健康があるべき姿なのであり、唯一の原理なのだということを証明します。病気とは、病気でいっぱいになった不健康な心の絵の影であることを指摘します。

こうすると、自然科学的思考の洗礼を受けた病人も、宇宙の真理に新しく目覚め、自分が信じ、祈ることも科学に反する迷信ではないのだということを納得します。このような真理を知ると、病人は古い考え方から解放されるのです。そして、唯一つの精神しかないのですから、施術者が信じていることが患者の体験にも復活します。

このようにしてクインビー博士は、両足の悪い人を突然歩かせるなど、まさにキリスト級の治癒を実現してみせたのでした。

55

就寝前五分間の〝瞑想〟で眼病が治った!

健康であることが正常で、病気が異常なのだ。調和の原理は先天的に内在しているのだから、それを働かせるようにせよ。

マーフィー博士の講演に来ていた青年は、ひどい眼病にかかっていて、医者は手術が必要と言っていました。しかし、マーフィー博士の話を聞いて、「私の潜在意識が私の目を作ったのだから、それを治すこともできるはずだ」と思うようになりました。

毎晩眠りにつく時、彼は、うつらうつらとした瞑想的な状態になると、自分のかかっている眼科医が自分の前に立ち、自分の目を検査して、「奇跡が起こった」と言うのを聞くことを想像しました。毎晩、これを就寝前の五分間ぐらい、何度も何度も聞きました。

三週間後、彼は自分の目を検査してくれた眼科医のところへ行きました。すると、その医者は彼に向かって「これは奇跡だ」と言いました。

つまり、彼の目は奇跡的に治ってしまっていたのです。これはどういうことなのでしょうか。

彼の潜在意識が彼の目を作ったのです。その中には、当然完全な原型があるわけなのです。彼のやったことは、潜在意識に働きかけて、その原型を働き出させればよかったのです。

彼は潜在意識に「絵」を送り込んで、それを刻印しようと思ったのでした。反復と信念と期待とによって、自分の医者が「これは奇跡だ」と言っている情景を絵にして送り込み、その声を聞いたわけなのです。

潜在意識は絵にして送り込まれた祈りに対しては、特によく反応を起こすのです。

元来、潜在意識の中には調和の先天的原理が内在しているのですから、健康が正常なのです。それで正常にもどったわけです。

56

男と女の〝牽引《けんいん》の法則〟

女性は男性の中にある、あなたが尊敬する性質や特長について黙想しなさい。そうすれば、ふさわしい相手が現われます。

潜在意識に刻印されたものは、何でも実際に体験されます。もし、あなたが好ましいと思う男性をあなたに引きつけたいならば、あなたが好ましいと思う男性の性質や特長をあなたの潜在意識に刻み込むことから始めなければなりません。そのテクニックを紹介しましょう。

夜、アームチェア、あるいはソファーに腰を下ろして、あるいはふとんに横になって、目を閉じ、緊張をほぐし、体をくつろがせ、非常に静かに、受動的に、また受容的になりなさい。そして自分の潜在意識に次のように話しかけるのです。

「私はいま、正直で、まじめで、誠実で、平和で、幸福で繁栄している男性を私の経験の中に引きつけております。私が尊敬するこのような諸性質が、いま私の潜在意識の中に沈んでいきつつあります。私がこのような諸性質に思いをひそめている間に、これは私の一部分となって、潜在意識的に具現されつつあります」

また、こうも言ってください。

「牽引《けんいん》の法則という抵抗できない法則があって、私は潜在意識の信念によって好ましい男性を私に引きつけると確信します。潜在意識の中で本当だと感ずることは、必ず私に引きつけられて来ます」

このような考えを、あなたの潜在意識に吹き込むことを実行してください。そうすると、あなたは自分が心の中でいろいろ考えた諸性質、諸特長を持った男性を自分に引きつけるでしょうし、その男性はあなたを発見して喜ぶでしょう。

あなたの潜在意識は、あなた方二人の出会う道を予期もせぬ方法で開いてくれます。これは、あなたの潜在意識の抵抗できない、また変えることのできない流れなのです。あなたの持っている愛と献身と協力の、最善のものを理想の人に与えたいという鋭い願望を持ちなさい。そして、あなたの潜在意識に与えたこの愛の贈り物を受け取る心の用意をしてください。

57

ダイヤの指輪もプロポーズも思いのままに！

宇宙の宝庫はあなたの心の中にある。宝をその中に見つけて抱きしめよ。その宝はまもなく本当の形を取ってあなたの物になる。

宝探しにアフリカに行く必要はありません。まず自分の心の中に探しましょう。ところであなたの宝――本当に欲しいと思うもの――は何ですか。ダイヤモンドのエンゲージリングですか。それならまず、それを指にはめているあなた自身を、あなたの心の中に見つけなければなりません。

そういうあなたを繰り返して見ているうちに、実際のあなたが、潜在意識の不思議な力によって、その指輪をするようになるのです。

いま、アメリカでは女性が結婚相手を見つけることはやさしくありません。老人の場合はなおさらです。ここで、七十五歳の未亡人がマーフィーの法則で結婚した例をご紹介しましょう。その老婦人は「私は望まれているのだ。やさしい愛情深い方と幸福な結婚をしているのだ」という言葉を、繰り返し、繰り返し感情を込めてとなえていました。

そのうちに、何となくぽーっと胸の中が暖かくなるような気がした時があり、「本当に望まれて結婚したんだ」と実感できるようになりました。この祈りを始めて半月ぐらいした時、角のドラッグ・ストアのオーナーを紹介されました。その人は親切で理解があり、宗教心も篤い人でした。

おつき合いして一週間もたたないうちに、その七十五歳の老婦人は自分の指先に本物のダイヤが輝いているのを見ました。つまり正式にプロポーズされたのです。彼女は本物のダイヤを手に入れる前に、自分の心の中に発見していたのです。

あなたが求めるものがあったら、まずそれを心の中に発見してください。自分の心の中にその求める物、求める状態をはっきりと見て、それを抱きしめてください。そして、それが本当に自分のものだという実感が湧くまで続けてください。そうすれば、必ず潜在意識にその願望は引き渡され、現実の世界に具体的な形で実現されざるをえないのです。それが潜在意識の法則なのです。

58

〝つまらない女〟で一生をフイにしないための鉄則

男性も自分の理想的な妻にめぐり合うには、まず心の中で女性の持つ性質のうち、自分が特に尊重する諸性質について黙想せよ。

よき妻を得ることが自分の人生の完成に必要だと考えている男性は、まず自分が求める女性はどのような性質を持っているかを静かに考え、その諸性質について日頃からよく黙想しておかねばなりません。

そうでもないと、一時の感覚的な魅力にひかれてつまらない女と結婚し、長い悔いを残すことになります。まじめに将来の生活や子供のことを考える男性は、次のような言葉を肯定してください。

「私はいま、自分に完全に合う、ふさわしい女性を引きつけます。これは精神的な一致です。というのは、これは二人の魂に共通な潜在意識を通じて働いている神的な愛だからです。そして、私はその女性が次のような性質を備えていると断言します。彼女は精神的で、誠実で、忠実で、操正《みさお》しい人です。彼女は調和的で幸福です。私たちはお互いに抵抗なく引かれております。愛と真実と美に関係あるものだけが、私の経験に入り込むことができます。私は、いま私の理想的な伴侶を受け入れます」

あなたが静かにまた関心深く、あなたの求める伴侶が持っている性質であなたが尊重する諸性質について考えていますと、あなたはそれに相当する精神的なものを自分の心性の中に打ち建てることになります。そうしますと、あなたの潜在意識の底流は、神の秩序に従って、つまり、不可避的にあなた方二人を引き合わせるのです。私の友人はアメリカ留学中に高名な哲学者の家庭を訪ねて、もてなしを受けたのですが、その夫人も哲学者でしたので、彼はその家庭の知的な雰囲気に強い印象を受け、自分もそのような女性を妻にしたいと思いました。

日本に帰国後、彼にはいろいろ縁談があったのに不思議と成立しなかったのですが、ふと知り合った某女子大の哲学講師をしていた女性と結婚したのです。そして、彼は哲学的会話のできる理想的な女性と幸福な家庭を作っています。

59

なぜ、傲慢な女性ほど〝女々しい男〟を引き寄せる?

三度も結婚に失敗した婦人が、潜在意識の助けを得て四度目に幸福な結婚をするということもあるのだ。

三度も結婚に失敗した女性と言えば、普通は四度目もうまくいかないでしょう。しかし、なぜ前に三度も失敗したのかを反省し、四度目には幸福な結婚に成功した例があります。彼女がどのように潜在意識の助けを得たか見てみましょう。

この女性は、三回結婚しましたが、その三人の夫が皆、受身的で従順で、彼女に何でも采配を振るわせるので、彼女は不満なのでした。しかしマーフィー博士にわかったことは、彼女は非常に男性的で傲慢でしたので、彼女は自分に主役を演じさせてくれるような、服従的で受身的な男を欲していたのでした。それで彼女の潜在意識は、彼女が望んでいるタイプの男を彼女に引きつけたのです。

つまり、彼女は潜在意識的には受身的な、奥さんの言うことを聞く男性を望みながら、意識する心では、自分を指導してくれるような、男らしい男性を望んでいたのでした。これは大きな矛盾です。

そしてそういう場合、常に潜在意識の方が勝ち、そちらの方が実現します。そこに気づいていなかったので、彼女は悩んでいたのです。これに気づいた彼女は、マーフィー博士の指導に従って次のように祈りました。

「私は自分の心の中に、私が深く望むタイプの男性を作り込もうとしています。私が夫として引き寄せる男性は強く、たくましく、愛情深く、非常に男性的で、成功者で正直で、誠実で、忠実です。彼は私と結婚すれば、愛と幸福を見いだすでしょう。私は彼の導くところ、喜んでどこにでもついて行きます……私は彼に愛と善意と楽しい心と、健康な体というすばらしい贈り物を提供します。神的知性はこの男性がどこにいるかをすでに知っており、その流儀に従って私たち二人を引き合わせ、結んでくれるでしょう」

彼女は間もなく新しい就職先で理想的な医者と知り合い、結婚し、非常に幸福です。

60

〝理想の相手〟との出会いはこうしてかなう！

自分が求めているような結婚相手にどこでどうして出会うか、などということについては心配する必要はない。

あなたが祈る相手、まかせる相手は潜在意識という全知のものです。ですから、自分が求めているような結婚相手に、どのようにして、どこで出会うか、などということについては心配する必要はありません。あなたの潜在意識の知恵を、絶対的に信頼してよいのです。それは「方法《ノウハウ》」を心得ていますから、あなたがあれこれ悩む必要はないのです。

むしろ、あなたは方法については頭を使わない方がよいのです。あなたがあれこれ心配すると、その心配が潜在意識に刻印されるのでかえって悪いのです。

私の友人で音楽好きな男がいました。彼は学校の教師をしていたのですが、ピアノのできる女性と結婚し、文学と音楽が基調となっているような家庭を作りたいと思っていました。

しかし、具体的に音楽をやっている人に知り合うような機会は全然ありませんでした。私は彼にマーフィー理論の話をしてやり、まず理想の女性の特質を強調した祈りをすること、そして心の飽和状態に達するまでそれを心の中に求め、ちょうど、食べたリンゴが血液の一部となるように、そのイメージを彼の一部にするようにすすめました。彼はそれを実行しました。

ある音楽会から帰る途中、彼は旧友と久しぶりに会ってビヤホールに寄りました。そこで大いに語り合ったのですが、その時、彼は「自分は家庭に文学と音楽が欲しい」というようなことを言ったのです。そして、その友人にはたまたま音楽大学の卒業生の女性の知り合いがいたのです。

後に、その友人は二人を引き合わせてくれました。そして話はスムーズに進んで、彼が願っていたような家庭が実現しました。いまは子供もでき、彼の家には音楽が満ちており、またそこでなされる会話には文学や芸術のことが多く、彼の理想を完全に実現したものになっています。

61 〝うまくいく夫婦〟に共通する雰囲気とは?

離婚は、最初は必ず心の中で始まる。法律的手続きはその後のことだ。つまり心の中で起こったことの外的な形式にすぎないのだ。

マーフィー博士の知り合いで、結婚してたった数カ月にしかならない若夫婦が離婚を求めていました。

マーフィー博士がこの若い夫の方に会っていろいろ話してみると、彼ははじめから妻に捨てられることをたえず恐れていたことがわかりました。

彼は嫌われることを予期し、また妻が不貞を働くだろうと信じ、こういう考えが彼の頭から去ったことはありませんでした。そして、そういう心配、不安、危《き》惧《ぐ》の感情は、彼の強迫観念になってきました。

彼の心は、別離と疑惑の感情で満たされていました。彼女の方も彼に冷淡になりました。彼自身の持つ喪失感と別離感、あるいはその雰囲気が二人に作用をおよぼし始めていたのです。

作用と反作用、原因と結果の法則によって、心の型はそれに応ずる状態を作り出しました。この場合の作用（原因）は彼の考え、つまり意識する心の内容であり、反作用（結果）は潜在意識の反応です。

彼の妻は家を出て、離婚を請求しました。これこそ、彼がはじめから恐れていたことなのです。よい考えがよい状態を作り出すように、否定的な考えは否定的な状態を作り出すのです。

マーフィー博士は心の法則を二人に説明してやりました。離婚は、まず心の中で始まり、法律的手段はその外的確認の形式にすぎないことを悟らせました。二人は博士の忠告を聞いて、相手に心配の型を投射することをやめ、愛と平和と調和と善意を投射することを実行することにしたのです。

二人は代わるがわるに、毎晩、詩篇を読み合うことにしました。彼の結婚は、日ましに美しくなってきています。

5章

あなたは眠りながら成功できる！

62

快眠は〝祈り〟の重要な一形式だ！

祈りは睡眠の一形式であり、また眠りも祈りの一形式である。眠っている時に、人は潜在意識からの精神的充電を受けるのだ。

なぜ、人間が眠らなければならないのかについては、単なる医学者や生理学者からは十分な解答を引き出せません。多くの人は、人は昼に疲れるので、体を休めるために睡眠するし、眠っている間に回復するのだと言っています。

本当でしょうか。眠っている時に休んでいるものは、ほとんどありません。心臓も肺も、肝臓も、いっさいの重要な器官は、寝ている間にも働きます。眠る前に食べた物は眠っている間にも消化され吸収されますし、皮膚は汗を分泌し、爪や髪は休みなく伸びます。

ジョン・ビゲロー博士は、睡眠中にも人間の重要な機能は休むことがないことに注目して研究した結果、人間が眠らなければならない主な理由は、「私たちの魂の比較的高級な部分が、超脱によって高級な性質と一体になり、神々の知恵と予知に参加する」ためであると結論しています。

ビゲロー博士は、またこうも言っています。

「私は自分の研究の結果、睡眠の最終目的は、普通考えられるように、日常の労働や活動をしないでいることではない、ということを確信した。のみならず、人間の生活のうち、睡眠に入って、この現象界から切りはなされる時間ほど、釣り合いの取れた完全な精神的発展に必要欠くべからざるものはないとさらにはっきりと確信した」

よく眠れるということは、あなたの潜在意識によりよく頼ることです。病人が眠っている時の方が治癒が早いのは、意識する心からの邪魔が入らないので、潜在意識がよりよく働けるからです。

63

就寝前三十分と、目覚めの十分はこう過ごせ

眠ることは潜在意識の内なる知恵と静かに交流することである。

私たちの意識する心は、日中、起きている時は、たえず心配や、争いごとや、論争などに巻き込まれています。ですから、感覚器官からなだれ込んでくる資料や情報を定期的に遮断し、外の世界から退《しりぞ》いて、潜在意識の内なる知恵と静かに交流することが絶対に必要です。

このように、感覚器官を通じて入り込む刺激や情報や、日常生活の喧噪《けんそう》や混乱から定期的に退くことが睡眠の意味です。つまり、睡眠中のあなたは五感の世界に対して眠り、潜在意識の知恵と力に対して目を覚ますのです。

戦国の武将は、血なまぐさい戦闘の間の少しの時間を見つけては、茶の湯をたしなみました。現代の大実業家も、一日のうち何十分かを、茶や宗教的つとめな

どに取っておき、外界から自分を切りはなします。

人間はよく考え、よき知恵を得るためには、宇宙の心にひたる時間が必要です。しかし、今日からすぐに茶の湯を始めたり、仏間に閉じこもる必要はありません。人間の睡眠は、自分を外界の喧噪から切りはなす最も完璧な形式ですから、就寝前の三十分と、目が覚めてからの十分間を特に大切にしていただきたいと思います。

床につく少し前から心をくつろがせ、万能全知の潜在意識と交流する心がまえを作り、体もくつろがせて願望と祈りを明らかに心に描いて、平和な心で眠りにつかなければなりません。

独身の人は自分の心がけしだいでできますが、結婚している人は、配偶者にもこの心がけがないといけません。よい配偶者を得ると人生の質が倍よくなり、悪い配偶者を得ると、祈りを実現することがきわめてむずかしくなります。その場合は、それぞれの人が、生き方から工夫をしていかなければなりません。

64

決断に迷った時は、これに頼ればいい！

どちらとも決めかねることがあったら、眠っている間に潜在意識に指示してもらえ。

たいていのことは、意識する心が判断できます。しかし、時にはどうしてよいかわからないことがあるものです。そういう時は、時間を超越し、未来も過去もない全知の潜在意識の指示を受けるようにしてください。

マーフィー博士の話を聞いていたある若い女性が、いまの二倍の給料が保障されるニューヨークでの仕事を紹介されました。彼女はロサンゼルスにいるので、東部に行くべきかどうか、かなり迷いました。

そして、いまいる会社と新しく仕事を提供してくれるという会社をくらべてから、眠る前に次のように祈りました。

「私の潜在意識の創造的知性は、何が私にとって一番よいかを知っています。それは常に生命を志向しており、私にも私の関係者にも祝福となるような、しかるべき決定を私に示してくれるでしょう。その答えが必ず私に現われることを信じ、それに感謝します」

彼女は眠りに入る前、子守唄のように、この簡単な祈りを何度も何度も繰り返しました。そして朝になった時、その新しい仕事を引き受けるべきでないという、執拗《しつよう》な感じがありましたので、彼女はその仕事をことわりました。

それから引きつづいて起こった出来事は、彼女の内なる知覚が正しいことを証明してくれました。というのは、彼女にいまの二倍の給料を提示してくれた会社は、その数カ月後に倒産してしまったからです。

意識する心は、客観的に知られている事実については正しい判断ができますが、潜在意識は、未来を見て、それに応じた忠告を彼女に与えたのでした。

決断に迷うことがあったら、あなたの潜在意識に頼りなさい。

65

こうすると"正夢"の回数が多くなる!

潜在意識に頼ることに慣れると、正夢がふえる。

正しい行動が取れるように眠りにつく前に潜在意識に祈りますと、その祈りに応じて、潜在意識の知恵はあなたに正しい指示を与えて保護してくれます。マーフィー博士自身の体験を紹介しましょう。

第二次大戦前、博士は東洋で非常に有利な仕事につかないか、と言われたことがありました。博士は導きと正しい決断を求めて次のように祈りました。

「私の内なる無限の知性はすべてを知っておりますので、正しい決断が神の秩序に従って、私に示されます。その答えが現われたら、私はそれを認めます」

博士はこの簡単な祈りを、眠りにつく前、子守唄のように何度も繰り返しました。すると、夢の中に、それから三年後に起こることが、生き生きと現われたのです。博士の古い友人が夢の中に現われて、「その新聞（ニューヨーク・タイムズ）の見出しを読め。行くな」と言うのです。夢に現われた新聞の見出しの文句は、戦争と真珠湾攻撃に関するものでした。

この頃は、日本の軍部ですらも真珠湾攻撃を計画していなかったのですから、潜在意識は、当時誰の頭の中にもなかったことまで知っていたことを示します。そして潜在意識はドラマを仕立てて、博士が信頼し、尊敬する人物が夢に出てきて、博士を引きとめたのです。博士はよく正夢を見られたそうです。

警戒信号として夢にお母さんが現われる人もあります。夢枕に立ったお母さんが、そこへ行くな、などと言ってくれるのです。

あなたの潜在意識は全知ですから、これに頼って指示を受けていますと、目が覚めた時に出てくるアイデアや夢などが正しい導きとなります。

66

〝ノーベル賞級アイデア〟の源泉はここにある！

潜在意識は夢の中で、機械の設計図を与えることさえあるのだ。

マーフィー博士の指導を受けていた人の報告によると、ハンマーストローム氏というピッツバーグの製鋼所で働いている圧延工は、夢の中で機械の設計図を見、それによって多額の賞金を得て新聞種になりました。

その当時、彼の会社に新しく据えつけられた鋼棒圧延機の鋼棒を制御するスイッチがうまく働かないことが問題になっていました。技師たちはそれを修理できないでいたのです。彼らは、このスイッチを十一、二回も修理しようとしたのですが、ダメだったのです。

ハンマーストローム氏は、この問題を大いに考え、うまくいくような新しいデザインを考え出そうとしましたが、どの試みも失敗しました。ある日の午後、彼は横になって、ちょっとうたた寝をしようと思いました。そして眠りにつく前に、例のスイッチの問題の答えについて考え始め、そのまま寝つきました。

彼は夢を見ましたが、その夢の中で、完全なスイッチの設計が描かれていたのを見ました。目が覚めた時に、彼は夢で見た下書きに従って新しい設計図を書きましたが、これがすばらしい成功を収めたのです。

このうたた寝のおかげで、ハンマーストローム氏は、一万五千ドルの小切手をもらいましたが、これはその会社がそれまで社員の新しいアイデアに支払った最高額の報酬でした。

成功した実業家、学者、設計者などは、このため、いつもメモ用紙を枕もとにおいて書きつけています。湯川博士のノーベル賞を受賞した研究も、睡眠中のアイデアに負うところが大であったと聞いています。

67

あの大作家が〝創作の原点〟にしたものは？

小説や論文を書く人も、潜在意識に頼めば絶大な助けを受ける。いな、成功した学者や作家は、頼み方を知っていた人たちなのだ。

『宝島』をはじめ、数々の名作を残して親しまれているイギリスの作家ロバート・L・スティーヴンソンは『平原を越えて』という著書の中で、ほとんど一章を夢の話にさいています。

スティーヴンソンは毎晩眠る前に、必ず潜在意識に特別な指示を与えることを習慣にしておりました。彼は潜在意識に自分の眠っている間に、話を展開するように頼んでおくのでした。スティーヴンソンは鮮明な夢を見る人で、この夢の中に展開されたことを目が覚めてから文字にしていたわけです。

彼は、自分にいろいろな夢を次から次へと持ってくる潜在意識のことを、「小さいブラウニーたち」と呼んでいました。「小さいブラウニー」というのは、スコットランドの伝説で、夜中に現われては、掃除や脱穀など農家の手伝いなどをしてくれたという茶色の小人のことです。スティーヴンソンは自分が眠っている間に、仕事をしてくれるという意味で潜在意識のことをこう呼んでいるのですが、いかにも作家らしい適切な名前のつけ方です。

彼の言葉によると、これらの小さいブラウニーたちは、次から次へと続き物のように話してくれ、作家であるはずの彼自身は、その間中、このブラウニーたちがどのように話を発展させるつもりか、ぜんぜんわからないのだそうです。

それで、スティーヴンソンは小説の素材が底をついた時、「よく売れて、よくもうかるすばらしく面白い小説を一つ私にください」とブラウニーに頼むのでした。すると必ず翌朝までに持ってきてくれるのでした。

その結果が二十巻にも及ぶスティーヴンソン全集になっているわけです。

68

眠りながら〝難問〟を解決していた！

潜在意識は意識する心の知らないことを夢の中で示してくれることがあって、それが学問上の発見につながることがある。

アメリカのすぐれた動物学者アガシズ教授の体験を、彼の未亡人の手になる伝記から紹介しましょう。

「石板に魚の化石の痕跡がついているのが発見されましたが、それはやや不鮮明であったので、それを解くため、彼が半月も努力したことがありました。すっかり疲れ果てて、彼はとうとうその仕事をやめ、それを頭から忘れようとしました。その後間もないある晩のこと、彼は寝ている間に、例の魚のわからなかった個所がすっかり復元されているのを見たと確信して目を覚ましました。しかし目が覚めている時は、それがどうしてもよく思い出せませんでした。次の夜もまた彼は例の魚の夢を見ました。そして、目が覚めると前の晩と同様、あまりよく思い出せないのでした」

「しかし、同じ経験がまた繰り返されるかもしれないと思って、三日目の晩には、彼は就寝前に鉛筆と紙をベッドの側に置いて眠りました。すると朝がた、その魚が彼の夢の中に現われたのです。最初は不鮮明でしたが、しまいには非常にはっきりとなったので、その魚の動物学的特徴について何の疑いもないほどになりました。真っ暗闇の中で半分眠りながら、彼はベッドの側の紙の上にその特徴をスケッチしておきました」

「朝になり彼はそれを見て驚きました。そこには例の化石が示せるはずのない特徴がいくつか描いてあるではありませんか。彼はすぐにその石板の置いてある所に急いで行きました。そして例のスケッチをたよりに、石の表面をうまくのみでけずり取っていきますと、そこに例の魚の部分が隠されていたことがわかりました。それが完全に現われたところを見ると、自分の夢を描いたスケッチの絵とそっくりでした。それから簡単にその化石の魚の分類に成功しました」

　このように潜在意識は、意識する目に見えないものまで見えるのです。

6章

こんな前向きな人には、なぜか〝いいこと〟ばかり起こる！

69

あなたは十一カ月ごとに〝復活〟している！

十一カ月に一度、体の細胞はすっかり作り換えられる。あなたの考えを変えることによって、体も一年以内に変わりうる。

人間の細胞はたえず入れ換わっています。医学の教えるところによれば、人間の体は十一カ月ごとに建て換えられるとのことです。ですから肉体的見地に立つと、あなたも生後十一カ月にすぎず、また十一カ月後には「復活」することになるのです。だから心配、嫉妬などによって体の調子を狂わせたり、病気になるとすれば、あなたの意識する心の責任です。

マーフィー博士はポット氏病（脊椎の結核）にかかったインディアナポリス市のアンドリューズ少年に関する驚くべき例をあげています。

この少年は医者には不治と言われたのですが、繰り返し繰り返し、「自分は健康で頑強で愛情があり、調和的で幸福なのだ」と肯定しました。そして、この祈りは彼が、夜、眠りに入る時、最初に口にする言葉であり、朝、目が覚めた時、口に出る最初の言葉でありました。彼は自分の考えを愛と健康に向け、その考えを送り出すことによって他人のためにも祈ったのです。

自分の病気に対する恐怖や、憎しみや、また健康な人に対する嫉妬やそねみの心が浮かんできた時、彼はただちに心の中で打ち消し、愛と健康に心を向けなおしました。

彼の体を作った万能の潜在意識は、ついに彼の習慣的な考えの性質に応じてくれたのです。つまり、彼の意識する心が作った設計図に応じて、今の体を作り直してくれたのです。このようにして、両足が不自由だった少年は、頑丈で、姿勢も正しく、均整のとれた青年になったのです。

これこそ、聖書（マルコ伝十章五十二節）に書いてある「汝の道を行け。汝の信仰が汝を癒したのだ」という言葉の意味なのです。キリストが「癒す」と言った時、それは象徴的に何かが癒えるのでなく、具体的に肉体の病気が癒えたのです。

70

"あこがれ"を実現できる人、できない人の差

自分がスクリーンに大写しになる光景を夢見ないで俳優になった人はいない。

マーフィー博士の知り合いの映画俳優は、次のように語っています。

「私はほとんど教育を受けていないのですが、少年の頃から映画俳優として成功するところを夢見ていました。野原で干し草を刈っている時でも、牛を追いながら家に帰る時でも、また牛乳をしぼっている時ですらも、私は自分の名前が大劇場のスクリーンに大きく写し出されるところをたえず想像していたものです。私はこれを数年間つづけ、ついに家から逃げ出しました。そして、映画のエキストラの仕事にありつきました。そしてついに、私が少年の頃見たように、私の名前が大きく写し出されるのを見る日がやってきたのです。それで私は、想像を維持すると、それは成功をもたらす力があると確信します」

しかし、これを読んだ読者の中には、俳優や女優にあこがれる若い男女は山ほどいるのに、そうなれない人が多いのはおかしいではないか、という方がいるでしょう。

しかし、これは不思議でも何でもありません。長期にわたって自分の成功したところを想像しつづける人は、意外に少ないのです。この俳優は、田舎から飛び出るまで、数年間、ほとんど一瞬も自分の成功している姿が頭からはなれなかったのです。エキストラになってからも、相当長い間、自分の成功像が頭からはなれなかったのです。

それに、この世界は競争がはげしいのです。すると、必ず競争者の失敗を願う心が出てきます。そして、他人の失敗を願う心が、自分の成功を願う心より強いことがよくあります。他人の失敗を願う心は、潜在意識に自分の失敗を祈っていることと同じなのです。

潜在意識は「誰が失敗するか」ということは知らず、要するに失敗像、失敗感を刻印され、それをそう考えている人自身に実現するのです。

71

“想像力のない人”は“未来がない”とイコールだ

あなたの願望の水準を上げなさい。そうすれば「信ずるが如くにあなたになされる」（マタイ伝九章二十九節）のです。

もう三十数年前のことですが、マーフィー博士の知っている若い薬剤師で、一週四十ドルの固定給と売上げの歩合をもらっている人がいました。「二十五年やったら退職します。恩給もつきますから」と彼はマーフィー博士に言いました。博士はこう答えました。

「どうして自分自身の薬局を持とうとしないのですか。この場所から出なさい。あなたの願望の水準を上げなさい。自分の子供に対して夢を持ちなさい。息子さんは医者になりたいと思うかもしれないし、娘さんは音楽家になりたいと思うかもしれません。でも、いまのあなたの給料では十分に勉強させてやることができませんよ」

その男は、「私にはまとまったお金がないので、自分の店は持てないのです」と答えました。そこで、マーフィー博士は万能なる潜在意識について説明し、ある考えを潜在意識に送り込むことができるならば、潜在意識はその考えを何とか実現してくれるものであるということを彼にわからせてやりました。

その薬剤師は、自分自身の店にいるところを想像し始めました。彼は心の中で瓶を並べたり、調剤したり、数人の店員が自分の店で客の用を聞いているところを想像しました。そして、銀行にも多額の預金ができたところを想像しました。彼の心は、その想像上の店で働きました。

そして彼は、上手な役者のようにその役になりきって生活しました。そうであるように振舞っていると、そういう人間になるのが潜在意識の法則です。

そのうち、この薬剤師は勤め先をくびになり、新しいチェーン・ストアに就職し、その後支配人となり、さらにその地区一帯の地区支配人に抜擢され、気がついた時は、自分のドラッグストアを始めるお金ができていました。そして自分の店に「夢の薬局《ドリーム・ファーマシー》」と名づけ、誰にも認められる成功者になりました。

72 〝想像上の会話〟が莫大なもうけを生んだ!

ゲーテもやったように、心の中で対話している情景を描くことは、潜在意識を働かせる有効なテクニックである。

ドイツの大文豪ゲーテはむずかしいことや、困ったことに直面した時、何時間も静かに想像上の会話をよくやったということを伝記作者は伝えています。つまり何か問題があった場合、自分の友人がいつもの身ぶりや口調で、正しい適切な答えを出してくれるところを想像したのです。しかも、ゲーテはこの全情景をできるだけ現実的に、また生き生きとしたものにしたのです。

若い株のディーラーがこの話を聞き、さっそく証券の販売にゲーテの方法を応用しました。彼には億万長者の銀行家の知り合いがあり、この人に賢明で健全な判断を下したと喜ばれ、よい株を買ってくれたとほめてもらったことがありました。それで彼は、この銀行家との心の会話、想像上の会話をすることにしました。

何か問題が起こると、彼はこの銀行家と想像上の会話を生き生きとやり、この人にほめてもらうような判断に到達するところを心の絵にしてみました。

この男性の心の中の対話法は、自分のお客さんのために健全な投資をすすめるという彼の目的に、たいへんよく合ったものでした。彼の人生の主要目的は、自分の顧客のためにお金をもうけてやること、つまりその人たちが自分のすすめによって金銭的に繁栄するのを見ることでしたから。

彼はいまもなお、自分の仕事に対話法を用いています。このようにして、彼は自分のお客さんたちに莫大なもうけをさせてやったばかりでなく、当然のことながら証券マンとして輝かしい成功者になり、自分も億万長者になっています。

73 こんな大きな〝記憶の倉庫〟を活用しない手はない！

頭が悪いと言われている学生でも、潜在意識の利用法を知れば、優秀な学生になれる。潜在意識は記憶の宝庫なのだから。

学業において困難を感じたり、成績が悪かったりするのは、純粋に知能の問題、つまり早発性痴呆などであることはほとんどなく、潜在意識の力に頼れば、わりと簡単に解決できます。

マーフィー博士の知っている高校生の少年も、成績が悪く、記憶力の悪いことをひどく気にしておりました。

そこで、マーフィー博士は潜在意識に関するいくつかの真理を、一日何回も肯定することを教えてやりました。特に、潜在意識に働きかけるのに一番よい時である眠りにつく前と、朝、目を覚ました後にやるようにさせました。この少年が肯定して潜在意識に送り込んだ考えの内容は、次のようなものでした。

「私は、自分の潜在意識が記憶の倉庫であると悟ります。私が読んだり、先生から聞いたことをすべて覚えておきます。私は完全なる記憶を持っています。そして潜在意識の中の無限の知性は、筆記試験であれ、口頭試験であれ、どんな試験の時も、私が覚えていなければならないことを、すべて私に示してくれます。私はすべての先生、すべての級友に愛と善意を放射します。私は心から彼らに成功とよいことを祈ります」

この祈りが潜在意識に浸透するに従って、彼の記憶力はよくなり、また先生や級友との関係もよくなりました。そして、成績は全優になったそうです。

私たちは物を忘れることがあります。そしてまた思い出します。忘れていた間、その記憶はどこにいったかと言えば潜在意識にいっていたのです。潜在意識は、どんなことでも忘れることはないのです。ただ意識する心に出にくくなるだけなのです。ですから、潜在意識に対する信頼が増せば、記憶力も当然よくなるのです。

74 不動産が希望の値段ですぐさま売れたわけ

取引で成功するにも、潜在意識が万人共通であることを知れば、その助けが予想もできない仕方で現われることがわかるだろう。

あなたが土地を売りたい時、どうしたらよい買い手が見つかるでしょうか。マーフィー博士ご自身の体験を紹介しましょう。アメリカは日本と違って、土地は売る方がむずかしいとされている国です。

マーフィー博士は自宅の前の芝生に「売家・所有者」という立札を立てました。翌日眠りにつく時、博士は「この家が売れたらどうしようか」と心の中で言いました。その後、自分の問いに答えて、「私はあの立札を引き抜いて、ガレージに投げ込むだろう」と言いました。

博士は想像の中でその立札をつかんで地面から引き抜き、肩にかついでガレージに行き、それを床の上に投げ、ふざけて「もう君には用がないや」とその立札に言いました。博士は事が済んだという実感がして、そのことに内なる満足を感じました。

その次の日に、一人の男が博士に千ドルの内金を置いて、「ご相談に応じましょう」と言い、きわめて有利な取引が成立したのです。アメリカで家を売るというのは大変なことで、捨値みたいにしても買い手が現われず、半分化物屋敷みたいになることがたいへんに多いのです。売札を出した翌日に売れるということは、奇跡に近いと言ってよいでしょう。

この満足すべき取引の交渉が済んでから、博士は例の立札を引き抜いてガレージに持って行きました。かくして外界の行為は、心の中の行為に一致したのです。これは、何も新しいことではありません。「内のごとく、また外も」という言葉どおりです。つまり潜在意識に刻印された絵に応じて、生活という客観的な外界の映写幕に写し出されるという意味なのです。

外界のことは心の中を写し出す鏡です。外の行為は内の行為に従って起こるのです。

75

あなたが売りたいものは、必ず誰かが欲しがっている！

あなたの心の根は万人の心の根に通じているのだ。
だからあなたが売りたい物は誰かが買いたがっているはずなのだ。

家や土地や自動車などを売りたい時は、ゆっくり静かに実感しながら、次のように肯定しましょう。

「潜在意識の無限なる知性は、この家を欲しがり、またこの家に入れば栄えるような買い手を私に引きつけてくれます。このような買い手は、決して誤りを犯さない私の潜在意識の創造的な知性によって、私のところに送られてこようとしています。この買い手はほかにもたくさん家を見ることでしょうが、彼が欲しくて買うのは私の家だけです。というのは、彼の内なる無限の知性が彼を導くからです。私はその買い手にふさわしく、売買の時もふさわしく、値段もふさわしいことを知っています。これに関しては、すべてがふさわしいのです。私の潜在意識の深層の流れは、いまや働き始め、私たち両者を神の秩序に従って引き合わせてくれます。私はそうなることを確信しています」

あなたが求めているものは、同時に誰かもそれを求めているのだということを決して忘れないようにしましょう。あなたが家とか、その他の財産を売りたい時は、常にあなたの売りたいものを欲しがっている人が誰かいるのです。

あなたの潜在意識の力を正しく使うことによって、売買の際に起こる競争意識とか、危惧の念をすっかり心の中から追い出すことができます。

しかもこのテクニックは、一度成功するとますます成功しやすくなります。マーフィー博士が自分の家を売りに出した時、翌日にすぐ買い手がついたのはその顕著な例です。

76

〝象徴的な行動〟が具体的な結果を引き出す

問題解決のためには、何か解決を示す象徴的行為を行なうと、すばらしい、魔法のような効果をあげることができる。

私の知っている人が東京の郊外に以前から住んでいました。ところが土地は借地だったのです。彼はそれを譲ってもらいたいと思って、よほど前から地主さんと交渉していたのですが、いろいろむずかしい問題があって話が進みません。

しかし、現在の法律では追い立てはできないのですから、売ってくれるはずだという確信はありました。しかし、地主の方がなんだかんだと言って、話はスムーズにいきません。私に相談を求められました。

私は彼にいろいろな手段に気を使うのはすっかりやめ、その土地が彼のものになったことを示す、何か象徴的な状況を目に浮かべるようにすすめ、マーフィー博士が家を売った話などをしてやりました。それは初夏の頃でした。

彼には息子がいました。ちょうど、鯉のぼりの季節でした。彼は鯉のぼりを立てるために長い竿を立てている時、ふと私が言ったことを思い出しました。そして鯉のぼりの竿を立てるための行為を、その土地を手に入れる行為の象徴と見なすことにしました。

「この土地は俺のものになるんだ。そのしるしとしてくいを打つんだ。俺は俺の土地にくいを打ち込んで、そして勝利の旗（鯉のぼり）を高くなびかすのだ」

こう心の中で繰り返しながら、くいを土の中に打ち込みました。くいを打ち込む行為自体が潜在意識に達成のイメージを打ち込むのに役立ったのです。

それから間もなく地主はスムーズに彼の条件を受け入れ、夏までにはすっかり手続きもすんで、その土地は彼の物になりました。

77 この〝フィーリング〟で高級車が手に入った！

自分の願望するものは、それを生き生きと目に浮かべるのみならず、機会があったらタッチするようにせよ。

マーフィー博士の講演によく出席している若い婦人がいました。彼女は三度もバスを乗り換えなくてはならないので、講演会場まで一時間半もかかるのでした。しかし彼女は、車を欲しいと思った青年が、欲しいと思った車に試乗することによってフィーリングをつかみ、そのフィーリングを潜在意識に送り込むことによって奇跡的に車を手に入れたという話をマーフィー博士に聞きました。それを彼女は実行したのです。

彼女はマーフィー博士のすすめのように、はじめから高い願望水準を持っていた方がよいことを知っていたので、キャデラックのショールームに出かけました。セールスマンが同乗して運転してみせてくれた上、彼女にも数マイル運転させてくれました。

彼女はそのキャデラックが自分の物だと何度も何度も心の中で繰り返し、その運転のすばらしいフィーリングをしっかりと潜在意識に刻印しようとしました。そして刻印したと思いました。

その後も彼女は自分が車に乗り、運転し、車内装飾などに手を触れる光景を、二週間以上休まずに頭に描きつづけました。

そうするうちに、ニュージャージーのイングルウッドにいる彼女の伯父さんがなくなって、彼女にキャデラックと不動産の全部を遺贈してくれたのです。それで、その次のマーフィー博士の講演に行く時、彼女はキャデラックに乗って出席したのです。

これをあなたは偶然だと考えられますか。もしそうでしたら、あなたは潜在意識の本質について、はじめから学びなおす必要があります。

78

大実業家に共通する〝ものの考え方〟

成功した実業家は「成功」という考えを持続した人である。
持続された想像力は、潜在意識の奇跡を起こす力を引き出す。

一日に何度も、「成功」という抽象的な単語を静かに繰り返すことによって、ついに「成功」は自分のものだという確信に到達し、これによって大実業家になった人がたくさんいます。そういう人たちは「成功という考え」が成功に必要な要素をすべてふくんでいるということを知っているのです。

こういう人たちのように、あなたも自分に向かって信念と確信をもって、「成功」という言葉を今晩からでもすぐに繰り返し始めてください。あなたの潜在意識は、それがあなたに関して本当であると受け取ります。そうすると、あなたは潜在意識によって成功せざるをえないように強制されるのです。

自分の主観的な信念、印象、確信を持続しつづけると、それは客観的、具体的に表現されざるをえないのだということを片時も忘れないでください。

あなたはきっと、自分の家庭生活においても、社会生活においても、交友関係においても、経済関係においても、きっと成功者でありたいと願っていることでしょう。自分の美しい家で、快適に幸福に生活するための十分なお金を持ちたいでしょう。

あなたは、人生という実業にたずさわっているわけですから、ある意味の実業家でもあります。自分の好きなことをやり、欲しいと思うものを持つ、成功した実業家になりなさい。想像力を豊かに持ち、心の中で自分が現実に成功した状態に入りなさい。そうして、それを習慣とするのです。

毎晩、成功感にひたり、完全に満足して眠りにつけば、そのうち自分の潜在意識に成功の考えを植えつけることに成功します。自分は成功するように生まれついていると想像し、そう感じてください。そうすれば、あなたの祈るような奇跡がきっと起こります。

79

偉大な発明・発見を生む〝ヒラメキ〟の正体

天の一角からひらめく光のように、潜在意識は努力するものに正解を授ける。

意識する心の考えたことをすべて受け入れて、眠っている間でも休まず、二十四時間働きつづけるのが潜在意識の働きです。ですから、科学者が偉大な発明や発見をするのも、この助けによることが多いのです。

意識する心で考え尽くして解決できないことは、潜在意識に引き渡すのがいいでしょう。すると潜在意識は、いままで意識する心から与えられた情報をうまく組み合わせて正解を与えてくれるのです。

有名な化学者フリードリッヒ・フォン・シュトラドニッツも潜在意識を用いて化学の画期的な進歩に貢献したのです。

彼は長い間、いっしょうけんめいにベンゼンの化学式の六個の炭素と六個の水素の配置換えをしようと努力していました。しかし、彼はたえず行き詰まり、それを解決できないでおりました。疲労困憊《こんぱい》して、彼はその問題をすっかり潜在意識に引き渡してしまったのです。

その後間もなく、彼がロンドンのバスに乗り込もうとした時、彼の潜在意識は意識する心に、蛇が自分の尾を噛み、ねずみ花火のようにくるくる回っている光景を突然ひらめかせたのです。

この潜在意識からきた答えによって、彼は原子を環状に配列するという、長い間求めていた答えを得たのでした。これがいまベンゼン環として知られているものです。

バスにシュトラドニッツが乗ろうとした時、ひょっと意識する心の働きが切れたのでしょう。その切れ間からすでに問題を解決していた潜在意識は、その答えをひらめかせてくれたのです。

このように、解答は電光のように、予期しない時にやってきます。

80

こんな"霊妙な力"をなぜ眠らせておくのか!

意識する心が考え抜いて、どうにもならなくなってからも潜在意識は働きつづけて、下からもり上がる植物の芽のように答えを与える。

意識する心が考え抜いても答えが見つからない難問を潜在意識が解決してくれることがあります。このような体験を語っている貴重な記録に、日本の世界的数学者で、文化勲章受賞者である岡潔博士の「春宵十話」があります。

先生がある大きな問題に取りかかられた時、最初の三カ月は解決の糸口がどうしても見つからず、もうどんなむちゃな試みも考えられなくなってしまい、それでもむりにやっていると、はじめの十分間ほどは気分が引きしまっているが、あとは眠くなってしまうという状態だったそうです。

そんな時、友人に招かれて北海道で夏休みを過ごすことになりました。そこで先生は研究をつづけられたのです。ソファーにもたれて寝ていることが多くて、嗜眠《しみん》性脳炎というあだ名をつけられるほどだったと言います。ところが九月に入って、朝食の後、応接室にすわって考えるともなく考えているうち、考えが一つの方向にまとまっていき、数学史に残るような大問題の答えがすっかりわかったのです。このことを岡先生は、次のように言っていますから引用しておきます。

「全くわからないという状態がつづいたこと、そのあと眠ってばかりいるような一種の放心状態があったこと、これが発見にとって大切なことだったに違いない。種を土に播けば、芽が出るために時間が必要であるように、また結晶作用にも一定の条件で放置することが必要であるように、成熟の準備ができてから、かなりの間おかなければ立派に成熟することはできないのだと思う。だから、もうやり方がなくなったからといってやめてはいけないので、意識の下層にかくれたものが徐々に成熟して表層にあらわれるのを待たなければならない。そして表層に出てきた時は、もう自然に問題は解決している」

潜在意識の霊妙な働きについて、これほど見事に書かれた文献は世界でも稀です。この方が日本の数学者であることに、私たちは誇りを持ちたいと思います。

81

潜在意識は〝過酷な捕虜体験〟にも屈しなかった！

潜在意識に頼ると、偶然としか思われない出来事が生じ、そしてあなたの願望が実現されるのだ。

ロケットの研究者であり、電子工学者であるロタール・フォンブレンク・シュミット博士はソ連の捕虜となり、過酷な条件の下、炭鉱で働かされていました。ドイツにある博士の家は壊され、家族は殺されており、博士のノルマはきびしく食料は粗悪、遠からず多くのドイツ人捕虜と同様、死ぬ運命にありました。

このまったく絶望的な状態にあった時、博士は最後の手段として潜在意識に助けを求めたのでした。

博士は自分の潜在意識に向かって、「私はロサンゼルスに行きたいのだ。お前はその方法を見つけてくれるだろう」と言いました。博士は、戦前ベルリンでアメリカの少女と知り合いになり、ロサンゼルスの写真などを見せられ、その町の建物や大通りのいくつかをよく覚えておりました。

それで、博士は毎晩その少女といっしょにロサンゼルスのウイルシャ通りを散歩し、二人で店に入ったり、レストランで食事をしたり、アメリカの車に乗ってあちこちドライブするところを生き生きと想像しました。そして、その想像は強制収容所の樹木ほど現実的に自然なものになったのです。

この収容所では、毎朝点呼があり、看視長が、一、二、三と数えるのでした。ある朝、十七番まで数えた時、看視長に呼び出しがあって、一、二分ほど留守にし、もどってくると、次の人を間違って十七と数えていきました。十七番は博士だったのです。その日、博士は脱走しました。しかし、夕方の点呼の時の数が朝と同じだったので、博士の脱走はずっと後まで気づかれずにすみました。

そして、捜査網を張られることもなく何とかポーランドに脱出、そこから友人の助けでスイスに逃げ、そこでカリフォルニア出身のアメリカ人と知り合い、ロサンゼルスに来て、想像したようにウイルシャ通りなどを散歩しました。そしてもちろん、かのアメリカの少女は彼の夫人となりました。

82

時空を超えた〝民族・種族の記憶〟はある！

潜在意識は時間を超越している。だから、あなたが生まれる前のこともよく知っているのだ。

カール・ユングという有名な精神病理学者は、人間には民族の記憶、種族の記憶といった「個人の記憶を超える記憶」があると主張しております。彼はもちろん潜在意識の意味で言っているわけです。私たちの記憶は何千年もさかのぼれるということを示す一例を紹介しましょう。

ペンシルベニア大学のH・V・ヘルプレヒト教授が、ある土曜日の夕方、古代バビロニア人の指輪についていたものと考えられる二つのメノウの断片の謎を解こうと努力していましたが、成果は一向に上がりませんでした。

いろいろこねまわしたあげく、真夜中に疲れ果ててベッドに入ると、夢を見ました。年の頃四十歳ぐらいと思われる、背の高いやせたニプアア（今から約五千年前に栄えたバビロニアの古都。約七十年前に発掘された）の司祭が、彼をある寺院の宝物殿に連れて行きました。それは窓のない天井の低い小さな部屋で、メノウやルビーが床の上に散乱していました。ここで、かの司祭は教授にこう告げました。

「お前の本の中で二十二ページと二十六ページに別々に掲載した二つのメノウの断片は、いっしょのものであり、しかも指輪ではない……最初の二つの輪は秘蔵の耳輪だったのだ。お前が今晩ひねくりまわしていた二つの断片はその一部なのだ。その二つをいっしょにして見れば、私の言うことが本当だということがわかるであろう」

ヘルプレヒト教授は、すぐに目を覚ましました。すると驚いたことには、その夢のお告げは正しいものであることがわかったのです。

潜在意識は、時間と空間を超えて全知全能なのです。

83

こんな"熟考"は問題を複雑にするだけだ！

潜在意識の導きを受ける時は、最も簡単な方法が最善の方法である。その解答はトースターからパンが出るように、ぴょんと出てくる。

マーフィー博士ご自身の体験をご紹介しましょう。博士が先祖伝来の貴重な指輪をなくし、どこをさがしても見つからなかった時の話です。

博士は夜になった時、ちょうど誰か親しい人にでも話しかけるように、潜在意識にこう話しかけたのです。

「お前は何でも知っているのだ。もちろん、お前はあの指輪がどこにあるかも知っている。いま、それがどこにあるかを私に教えるのだ」

翌朝、目を覚ました時に、耳の中で突然「ロバートに聞け」という言葉がひびきました。九歳の幼いロバートに聞くのは、たいへん奇妙なことだと思いましたが、心の奥の方から聞こえてきた声に素直に従うことにしました。

はたしてロバートに聞くと、こう言ったものです。

「ああそうだ、僕、友だちと庭で遊んでいた時、それを拾ったよ。いま、僕の部屋の机の上に置いてあるんだ。それが大切なものと知らなかったから、誰にもそのことを言わなかったよ」

信頼すれば、潜在意識は常に答えてくれるのです。答えを得るには長いこと時間がかかるだろうと思ったり、それは大問題だと思ったりすると、かえって答えを遅らせることになります。「むずかしい」と思えば、潜在意識もそう思い込まされるからです。

潜在意識には問題というものはなく、答えだけを知っているのです。ですから、潜在意識の全知を信じて、いまはもう、問題が完全に解決した時の喜びを感じるようにしなさい。

84

自分の願望を"一語"にまとめてみよ!

潜在意識の導きは「感じ」として、また「内なる」意識として、また「圧倒的な予感」として現われる。それは内なる触覚だ。

マーフィー博士の知り合いの青年の父が死にました。遺言状は見つかりませんでした。しかし、彼の姉は死んだ父がみんなに公平な遺言状を作成しておいたと自分に打ち明けたことがあるというのです。その遺言状を見つけようといろいろやってみましたが、成功しませんでした。

マーフィーの法則を知っていたこの青年は、眠る前に自分の心の深層に、「私はいま、この問題を潜在意識に引き渡します。それは父の遺言状がどこにあるのかちゃんと知っており、それを私に教えてくれます」と親しく、くつろいだ調子で語りかけました。

それから自分の願いごとを「答え《アンサー》」という一語に圧縮して、それを子守唄のように何度も何度も繰り返しました。そして、彼は「答え」という一語とともに眠り込んだのです。

その翌朝、この青年はロサンゼルスのある銀行にどうしても行かずにはいられないような予感がしました。そこに行ってみると、父の名前で登録してある貸金庫があり、そこに入っているものが彼の問題のいっさいを解決しました。

この青年が最後に、自分の願望を一つの単語にまとめたのは、たいへんよいことでした。

もちろん、文章による祈りでもよいのですが、その祈りの内容をさらに一語、あるいは数語にまとめて、この青年のように、子守唄のように繰り返しながら眠りにつくことは、万能全知の潜在意識に活動開始を命ずる最も有効な方法なのです。

ですから、あなたもぜひ、この簡単なテクニックを使ってください。

85

〝くつろいだ気分〟が潜在意識を発動させる！

危惧《きぐ》の念を抱いたり、心配している時は、実際に考えているのではない。真の思考は恐怖からは自由なものである。

いわゆる「むずかしい決断」をしなければならない時とか、問題解決のめどがつかない時、心配したり、あれこれ思いわずらわないで、その問題について建設的に考え始めなければなりません。世の中には、いろいろ「心配すること」を「考えること」だと思っている人もありますが、それは大間違いです。真の思考というのは、心配や恐怖からは自由なものです。

どんな問題についても、潜在意識からの指導を受けられるテクニックを紹介しましょう。

心を静めて、体を静かにしてください。体にくつろぐように命じてください。体はあなたの意識する心の命令を受けるようにできているのです。あなたの肉体は意志も、主導性も、自己意識的な知性も持っていません。あなたの肉体は、あなたの信念や印象を記録するレコード盤のようなものです。ですから、あなたはまず体をくつろがせるという行為によって、潜在意識に信頼感を刻印することになります。潜在意識は、信頼されている時にしか援助を与えてくれませんから、これはきわめて重要なことです。

それから、あなたの注意力を発動し、自分の問題の解決に考えを集中してください。あなたの意識する心で、それを解決しようとしてください。それから、完全にそれが解決したらどんなに嬉しいかを想像してください。問題がもう解決してしまった時に感ずるような感じを味わってください。くつろいだ気持ちでこの気分にひたってください。それから眠りにつくのです。

目が覚めた時にまだ答えが出ていないようだったら、何かすぐしなければならないことを一生懸命にやりなさい。おそらく、あなたがほかのことに没頭している時、あなたの求めていた答えは、前後の脈絡もなく、トースターからパンがぴょんと飛び出るように、あなたの頭に浮かんでくるでしょう。

7章

「なりたい自分」になるのは、こんなに簡単だった！

86

"現実"と"想像"の境目はこんなに少なかった!

信念をもって刻印された時の潜在意識の力は、十九世紀最大の発見である。

マーフィー博士の行きつけの洋服屋さんの娘が、ある日、父親に言いました。

「私、今日、とても素敵なテン皮のコートを見て来たの。とても買えないと思うけれど、とても欲しいわ」

マーフィー理論を知っていた彼女の父親は、「そのテン皮のコートを手に持って着るところを想像してみたり、その素敵な毛皮をなでてその肌ざわりを感じたり、それを着てみた時の気分を味わってみたりしてごらん」とすすめました。

マーフィー博士の話を聞いたことのあるその娘は、心の中でその想像のコートを着てみました。そうして、ちょうど子供が人形をかわいがるように、それをやさしくなでたりしました。

そのようなことをつづけているうち、彼女は、とうとうその毛皮のコートを着るスリルをよく味わうまでになりました。毎夜、心の底の静寂にひたっては、その想像のコートを着て、それが自分のものになった喜びを味わいながら眠りにつきました。ひと月たちましたが、何も起こりませんでした。

彼女は気持ちがぐらつきそうになった時は、「最後まで耐え忍ぶものは救われる」（マタイ伝十章二十二節）という聖書の言葉を思い出してつづけました。

ある日曜の朝のこと、彼女が博士の講演を聞いてから会場を出る時、ある男性が彼女のつま先をひどく踏みました。彼は丁寧にお詫びを言ってから、彼女を家まで車で送りたいと申し出ました。彼女は喜んでその好意を受けました。

その後、二人はしばらくつきあってから、彼は彼女にプロポーズして、ダイヤの指輪を贈る時、こう言いました。「とてもすばらしいコートを見かけたのですが、君がそれを着たらどんなに素敵だろう」。二人はそのコートを見に行きましたが、何と彼女が長く魅せられていたあのコートでした。彼女は、マーフィー理論によってコートのみならず、夫まで得たのです。

87

〝ため息〟からは〝こせこせした人生〟しか生まれない！

万能の潜在意識は誰のうちにもある。それは外界のすべての光景や音や対象物と遮断された静寂の時に引き出されるのだ。

ある男が苦々しく吐き捨てるように言いました。

「私の希望は息子を大学に行かせ、新しい家を買うことですが、ことごとくうまくいきません」

マーフィー博士は、この男と話しているうち、この男が一日中、こせこせしたり、いらいらしていることがわかりました。

そこで、神の力は誰のうちにもあるのであって、静寂の時に意識によって引き出されるのを待っているのだから、まず、自分を外界のすべての光景や音や出来事から遮断して、静寂にひたり、心の中に積極的、肯定的な心象を作り、そういう気分にひたるようにすすめました。

そして、物事の否定的な面ばかり見るという長い間の習慣の根を断たせるようにしました。

マーフィー博士の指示に従い、彼は夜、静かになったところで、すべての注意力を集中して、次のように肯定しました。

「無限の知性が私のために道を開いてくれます。そして、私は神的幸福を得て繁栄します。神は、息子が大学教育を受けられるようにはからいます。豊かな富が、なだれのように私に押し寄せてきます」

しばらくして、彼はもとの雇主を訪ねてみる気になりました。すると、その雇主はすぐさま高い給料で彼を雇うことを約束し、同時に、工場の近くにある彼の持家を割安で譲ってくれました。その後も給料が上がって、息子を大学にやる問題は解決しました。

彼は自分の心の奥底からその回答を引き出したのです。それは夜、神の愛と万能を静かに黙想したことによって起こったことでした。

88

五感を休ませると〝神々のささやき〟が聞こえてくる！

静寂は問題を解決する。

静寂は心の安息です。ちょうど睡眠が体の疲労を回復させ、新たな力を与えるように、静寂は人と神とを通じ合わせて、人の心に栄養を与え、生気を回復させます。

エマソンは「神々のささやきを聞くために沈黙しよう」と言っています。エマソンがここで言っている神々とは、潜在意識の知性と言ってもよいでしょう。この神々は決して大声で語ることがありませんから、静寂な時間を持たない心には聞こえてこないのです。

静寂とは、あなたの注意力と、感覚の働きを自分の外に向けるのをやめ、注意の焦点を、あなたの理想、目標、目的などに合わせる沈黙の場のことです。

五感で知覚する世界から自分を遮断《しゃだん》して、賢明な静寂を実践し、それを幾度も繰り返しなさい。そして、あなたの願望やアイデアが現実のものになったところを黙想しなさい。あなたにアイデアを与えた無限の英知は、そのアイデアの実現と開花のために完全な計画を明示してくれます。

ある母親がマーフィー博士に、子供が言うことを聞かないので気が狂いそうだと訴えてきました。博士は彼女に、毎朝一人になって、詩篇の一つ二つを読んで、それから目を閉じて、周囲のすべてから自分を隔離するようにすすめました。

実際、彼女はいろいろなことを静かに黙想してみる必要がありました。

神の無限の愛や知恵や、完全な調和について考えたり、自分の子供たちを包んでいる愛と平和と喜びの雰囲気を感ずること、愛と平和が自分の心を満たし、子供たちも平和と美と愛と知恵と理解のうちに育《はぐく》まれ成長していることを確信することなどでした。すると、彼女の精神の蓄電池は再び充電され、彼女の生活は全面的に好転してきたのです。

89

〃いやがらせ〃をみじんも寄せつけない調和の法則

潜在意識は録音機のようなものであって、あなたが習慣的に考えていることを再現する。

聖書に黄金律というのがあります。「人にやってもらいたいと汝の願うことを人に対してもなせ」（マタイ伝七章十二節）というのがそれです。これは別の言葉で言えば、汝も裁かれることのないよう、人を裁いてはなりません。なんとなれば、「汝が裁くように汝もまた裁かれ、汝のはかったはかりで、汝もまたはかられるであろうから」（マタイ伝七章二節）ということになります。

ある秘書（女性）が、会社の女性社員にひどく腹を立てておりました。というのは、彼女たちは彼女の噂をし、彼女の言葉を借りれば、「自分に関する悪質なデマをまき散らしていた」からです。

彼女は、自分でも女嫌いであることを自認して「私は男は好きだけど、女は嫌い」と言って、同性を嫌っていました。

マーフィー博士が彼女を観察してみたところ、彼女は会社で自分の下の女の子たちに非常に傲慢で高圧的な態度で接し、いらいらした調子でしゃべっておりました。博士が彼女に潜在意識の法則を説明してあげたところ、非常におどろき、しかも頭脳明晰な彼女はその法則を理解しました。

それからの彼女は次のような祈りを規則正しく、良心的に実行し、すっかり身につけました。

「私は愛情を込めて、静かに平和に考え、話し、行動します。私を非難し、ゴシップをまき散らしている女性全員に対して、いま愛と平和と寛容と親切さを放射してやります。私が否定的に反応しようとする時は、『私は自分の内なる調和と、健康と平和の原理という見地から考え、語り、行動するのだ』と断固として自分に言い聞かせます。創造的なかの知性は、すべての点で私を導き、支配し、案内してくれます」

間もなく、いやがらせはすべて消えました。

90

〝相手への反感〟は必ず自分にリバウンドする！

あなたの心は創造力ある媒体である。だからあなたが他人について考えたり、感じたりすることはあなた自身の体験になるのだ。

潜在意識は万能の力を持っていますが、それが現実の形を取る時は、必ず個人個人の意識する心を通じて働くのです。ですから、あなたの考えていること、あなたの感じていることが、あなたの体験となって現実化します。それであなたは自分の考えること、感じることに気をつけなければならないのです。

ある日、一人のセールスマンが私に会いにやってきて、自分の会社のセールス・マネジャーといっしょにやっていくことのむずかしさをいろいろ述べました。

彼はその会社に十年勤続しているのに何の昇進もなく、また、何も認められていませんでした。彼は自分の営業成績を見せてくれましたが、それはその地域の他の人にくらべて大きなものでした。

彼が言うには、上司が彼を嫌い、不当に取り扱い、会議の席でもつらく当たって、時には彼の提案を嘲笑したというのです。彼はこの上役に対して憤《いきどお》りと反感でいっぱいでした。つまり彼はいつも、この上司に対する批判や、非難や悪口や口答えなどでいっぱいになっている自分自身と対話していたのです。

彼は心の中で放出したことを、必然的に現実の世界で取りもどすハメになっていたのです。このことを指摘され、このセールスマンは自分の考え方が破壊的であったことに気がついて、上司の健康と、成功と、心の平和と、幸福を祈ることにしました。

そして眠りにつく前に、自分のすばらしい仕事ぶりをほめられているところを想像しました。セールスマンはだんだんこれがみんな本当なのだと感じ、上司の握手を感じ、彼の声を聞き、彼がほほえむのを見ました。彼の潜在意識には、その刻印がなされ、その表出が自動的に現われてきました。かのセールス・マネジャーは彼を抜擢して百人の部下の長とし、給与も大幅にあげてくれたのです。

91

自分で"心の傷"に塩をすり込むおろかさ!

人を許せないのは、いつまでも痛みのとれない傷を持っているようなものだ。

一年ほど前、あなたの手に潰瘍《かいよう》があったと考えましょう。それはひどく痛いものだったとします。しかし、いまも痛いかと言えば、もう痛くありません。大自然の生命は傷を癒し、その痛みを取るからです。

同じように、もし誰かがあなたの心を傷つけたり、あなたについて嘘を言ったり、中傷したり、いろんな悪口を言った場合、あなたはその人のことを考えると否定的な気持ちになりますか。その人が頭に浮かぶと、はらわたが煮えくりかえるような気がしますか。

もしそうだったら、憎悪の根はまだそこにあって、あなたとあなたの善を破壊しているのです。それは、いつまでも痛みのとれない傷を持っている体のようなものです。体の方の痛みは、そのうち取れます。なぜなら治るのが大生命の意志であり、あなたも治りたいと思っているからです。つまり、あなたは大生命と同じ意図を持っているからです。

ところが、心の傷がいつまでも痛むのはなぜでしょうか。それは、あなたが大生命の意図と反して許そうとしないからなのです。

よく考えてください。自分の考えや反応や感情の主人は、ほかならぬあなたです。あなたさえ傷つくまいと断固としていれば、あなたの心は傷つくことはないのです。

そして、あなたの心を傷つけるようなことを言う人が出てきたら、その人のために祈り、祝福してやりなさい。というのは、この場合、他人を祝福するのはとりもなおさず、あなた自身を祝福していることになるからなのです。

他人を憎悪する心は、あなた自身を憎悪していることと変わらないのです。これが潜在意識の真理です。

92

気前よく許せる人に、気前よく奇跡は起こる!

相手を許すということは、相手を放免してやることである。
しかし、二度と放免する必要はない。

人を許すことは実にむずかしいことです。それがうまくできれば、あなたの人生に奇跡が起こります。そのテクニックを紹介しましょう。まず、心を静かにしてくつろぎ、緊張を解いてください。そして宇宙の大真理について黙想して、次のように肯定してください。

「私は○○(相手の名前を言う)をすっかり気前よく許してやります。私は精神的に彼を解き放してやります。私は例の件に関したことをいっさい、完全に許してやります。私は自由で彼(または彼女)も自由です。すばらしい気分です。今日は、私が大赦を与えてやる日です。私は、いままで私を傷つけたすべての人を放免してやります。そして、みんなに健康と幸福と平和と、もろもろの人生の恵みを祈ります。私はこのことを気持ちよく、喜んで、愛情を込めてやります。そして、私を傷つけた人のことを思い出したら、『私はあなたを放免してやったのだ。そして、すべての恵みはあなたのものだ』と言ってやります。私も自由であなたも自由です」

実に素敵です。真の許し方についての重要な秘訣は、あなたが一度その人を許したら、祈りを繰り返す必要がないということです。その人が頭に浮かんだり、昔受けた傷を思い出すようなことがあったら、簡単にやさしい気持ちで「汝に平安あれ」と言ってやりなさい。

一度放免した人を再びあなたの心に入れる必要もないし、再び放免する必要もありません。思い出すたびにこう祝福してやりなさい。数日もすると、その人物や体験を思い出すことがだんだん少なくなり、ついには色あせて消えてしまうことがわかるでしょう。

93

プラスの習慣を〝第二の天性〟にしよう

現在のあなたはこれまでのいろいろな習慣の束《たば》みたいなものである。習慣は潜在意識の型のことなのであるから、まずこの型を変えよ。

あなたは習慣によって作られたものです。そして、習慣はあなたの潜在意識の働きです。水泳、自転車、ダンス、自動車運転などを覚えたのは、それを何度も意識的に繰り返して練習し、ついに潜在意識の中に路線を確立したからです。いったんそうなると、潜在意識の自動的習慣があとを引き受けました。これが第二の天性であって、それはつまり、あなたの考えや行為に対する潜在意識の反応ということです。

ジョーンズ氏は、過度の飲酒という悪癖が身について悩んでいました。意志の力で何度も禁酒を思い立ちながら、そのつど失敗したため、「自分は無力なのだ」という観念が彼の潜在意識に強力な暗示として働き、彼の人生は失敗の連続でした。そして、妻子とも別居せざるをえなくなりました。

相談を受けたマーフィー博士は、意志によって禁酒しようという試みをやめさせました。それは心の葛藤を作り出すからです。そして、まず体をくつろがせて、ゆったりと、うとうとした瞑想状態に入って、願望がかなえられた状況で自分の心を満たすことを習慣にするようにさせました。

彼はこの潜在意識に頼る方法を納得しました。彼は自分の娘が「パパがお酒も飲まずに家にいるなんて素敵だわ」と言うところを想像しました。彼の注意が横にそれそうな時は、すぐに体をくつろがして、笑顔を浮かべている娘と、陽気ではなやいでいる自分の家庭の情景を心に描くことにしたのです。

それはゆるやかな過程でしたが、彼の潜在意識の中には新しい習慣が形成されていきました。酒を飲む自分よりも、幸福な家庭の一員としての自分というイメージが心の中に定着したのです。そして、幸福な家庭がまたかえってきました。

このテクニックを事業にも利用して、彼は数百億円のコンツェルンの会長となったのです。

94 ジンクスの"自家中毒"にかかるな！

ジンクスも潜在意識の習慣であるから、容易にそれから抜けることができる。

ブロック氏は有能なセールスマンだったのですが、ここ三カ月というもの、どの家のドアもきっちり閉じられているように見えてきました。お客さんをいまやサインするところにまでは持っていくのですが、いよいよ最後の段になるとダメなのでした。おそらくジンクス（縁起の悪いもの）が、自分について回っているのだろうと彼は言うのでした。

マーフィー博士が彼の話をよく聞いてみると、次のことがわかりました。ブロック氏は三カ月前、契約にサインすると約束しながら、どたん場になってとりやめた歯医者に対し、非常に腹を立て、気を悪くし、恨みに思っていました。

そして他のお客も同じことをやるのではないかと、無意識に恐れながら生活し始めていたのでした。

そして、彼は、最後の瞬間に契約が取り消されるのだという信念を徐々に作り上げ、ついに悪循環が確立したのです。これが挫折と反感と失敗の歴史となったのです。聖書にもあるように「私が最も恐れていたことが私にふりかかった」というわけでした。

ブロック氏は、問題は自分の心の中にあるのであって、自分の心的態度を変えることが肝要であると悟りました。洞察によって不幸の連続は絶ち切られることになりました。

ブロック氏は毎朝、お客さん回りに行く前、自分は障害も困難も遅滞も知らない潜在意識の無限の知性と一体であること、最善を喜んで期待すること、そうすれば潜在意識は自分の期待にこたえてくれるということを肯定しました。

毎朝、お客さん回りに行く前と、寝る前にこの祈りを繰り返すことによって、彼は間もなく新しい習慣の型を自分の潜在意識の中に確立し、再び成功するセールスマンになったのです。

95

なぜ自分の心に〝牢獄〟を作るのか

アルコール依存症の原因は、否定的で破壊的な考え方にある。つまり、その人の思考生活が真の原因なのだ。

アルコール依存病の人は、例外なしに深い劣等感、不適応感、敗北感、挫折感を持ち、さらに奥には、内なる敵意があります。彼らは、酒を飲むための無数の理由を持っています。しかし唯一の理由は、その人の思考生活にあるのです。

ここから抜け出ようとするなら、まず自分が依存症だと率直に認めなければなりません。その問題を避けてはいけません。多くの人がいつまでも依存症でいるわけは、彼らがそれをなかなか認めようとしないからです。

あなたがもし過度の飲酒にふける癖があるとすれば、それはあなたが不安定で、内なる不安を持っているからです。あなたは人生に直面することを拒絶し、それによって飲酒の責任をのがれようとしているのです。

しかし、これは潜在意識の見地から見れば、自分で作った心理学的牢獄に住んでいて、自分の信念や意見や訓練や環境の影響によってしばりつけられていることです。生まれた時からアルコール依存症の人は一人もいません。必ず習慣によって作られたものです。あなたは、今の反応の仕方で反応するよう条件づけられているのです。

潜在意識は万能であるので、あなたをアルコールに対する欲求からもいっさい解放してくれます。

まず静かになって、心の回転をとめなさい。眠いような、うとうとした状態に入りなさい。このくつろいだ、平和的、受容的な状態で、心の底にある世の中に対する敵意を取り去って、平和と大生命について黙想しなさい。

そして「断酒と心の平和は、いま私のものだ。私は感謝する」と静かに何度も断固として言い切りなさい。それから、酒から解放されたことを「おめでとう」と言ってくれている身内や友人の微笑を見、その声を聞いてください。満足感が湧き上がるまでやってください。それは、必ず現実になります。

96 どんな大舞台でも上がらない〝暗示〟のかけ方

恐怖は人類最大の敵である。失敗や病気や悪い人間関係の背後には恐怖がひそんでいる。

ある若い女性の声楽の学生がいました。彼女はすばらしい声を持っていましたので、何度もオーディションに呼ばれたことはあったのですが、そのたびに舞台負け《ステージ・フライト》を起こして失敗ばかりしていました。

彼女は恐れていたのです。心理学的に言うと「恐怖」は潜在意識に対する命令であって、潜在意識はその恐怖を実際に表現することに取りかかり、あなたを失敗させるのです。その前のオーディションでは、音符をまちがえて歌ってしまい、崩れ落ちて泣き出すという醜態を演じてしまいました。

彼女がこのようなステージ・フライトを克服したのは、次のような方法によるものでした。

彼女は一日三回、部屋に一人きりになりました。アームチェアに気持ちよく腰かけ、体をくつろがせ、目を閉じました。彼女は心も体もできるだけ静かにしました。体を動かさないと心も受動的になって、心を暗示によりかかりやすくするのです。

彼女は「私は美しく歌います。私は落ち着いていて、平静で自信があって安らかです」と言い聞かせたのです。そして、自分が美しく歌うところをイメージするようにしました。

彼女は、こうして恐怖の暗示を反対の暗示でうち消しました。

彼女は毎日、五分ないし十分間、この言葉をゆっくりと静かに、感情を込めて繰り返しました。彼女は毎日三回、このような「静座《シッティング》」をやり、また夜、眠る直前にも一回やりました。

一週間たつと、彼女は完全に落ち着いて自信を持ち、断然、群を抜いた歌を披露しました。これが恐怖を克服した具体的な例です。

97

こうすれば、いつでも〝必要な答え〟が出てくる

口頭であれ筆記であれ、試験の時の記憶喪失のかげには恐怖がある。恐怖から自由にならなければ知識は生きてこない。

多くの人が試験の時、暗示からくる一時的記憶喪失症にかかります。そういう人たちの訴えることはいつも同じで、「試験が終わってからその正解を思い出したのですが、試験中はその答えが出てこないのです」というのです。あなたもこんな経験がありませんか。

いつも考えていることは実現するものなのですが、この場合の「考え」というのは、いつも注意を集中しているもののことをさします。恐怖ということは、失敗を考えているということなのです。失敗を考えていれば、失敗せざるをえない、というのが潜在意識の法則です。

ある若い医学生ですが、彼はクラスで一番頭がいいのに、筆記であれ口頭であ

れ、試験になると簡単な質問にも答えられないのです。彼は試験の数日前から、心配したり恐れたりしていたのでした。つまり自分の潜在意識に、自分が失敗するよう取りはからってくれと要求していたわけです。

マーフィー博士は彼に、潜在意識は記憶の倉庫であって、医学の勉強中に聞いたり読んだりしたことの全部を完全に記録していること、潜在意識は反応し応報すること、それとよい関係を結ぶ方法は、くつろいでなごやかな気持ちになり、自信を持つことである、ということを理解させました。

そこでこの医学生は、自分がすばらしい成績を取り、お母さんが「おめでとう」と言っている光景を想像することにしました。幸福な結果のことを考え始めますと、彼は自分の中にそれに応じた、あるいはそれにこたえてくれる反応や感応を呼び出すことになったのです。

彼は結果を想像することによって、その結果を実現すべき手段を願ったことになりました。もちろん、彼は次の試験を難なくパスして、想像したことを現実の世界で体験したのです。

98

この二つの〝正常な恐怖〟のほかに恐れるものはない！

水を渡るのが怖かったら泳ぎなさい。異常な恐れは必ず克服できる。

恐水症、恐山症、閉所恐怖症など、あることを病的に恐れる人がいます。人間が生まれつき持っている恐怖は、二つしかありません。すなわち、落下の恐怖と音の恐怖です。

これは、自己維持のために自然が与えてくれた、一種の警報組織ですから、正常な恐怖はよいものです。自動車の近づく音を聞いたらわきによるのは、正常な恐怖に対する正常な反応でよいものです。

しかし、恐怖症は異常な恐怖です。これは非常に悪く、破壊的です。こういう恐れにひたっておりますと、聖書の中でヨブが言っているように、「私の恐れたことが私の身にふりかかった」というようなことが実現します。しかし異常な恐怖が起こるのは、想像力を野放図にした場合ですから、これを克服する魔法のようによく効く方法があります。

もし水が怖いなら、一日三、四回、五分か十分ぐらい静かにすわって、自分の泳いでいるところを想像してください。実際、あなたは心の中で泳ぐのです。それは主観的な体験です。水の冷たさや、腕や足の動きを感ずるのです。それはすべて現実的で、鮮明で、心の嬉しい活動です。それはとりとめのない白昼夢ではありません。というのは、あなたは自分が想像の中で体験していることは、あなたの潜在意識の中で現像されることを知っているからです。

それからあなたはいやおうなしに、あなたが心の深層に焼きつけた画像を、現実の世界に表出せざるをえなくなります。これが潜在意識の法則です。

山や高所が怖い場合でも、同じテクニックが応用できます。自分が山に登っているところを想像し、それ全体の現実性を感じて風景を楽しみなさい。これをつづけますと、それを肉体的にも楽々と気持ちよくできるようになると確信ができます。そして本当にそうなります。

99

〝置き換え〟の大法則で「なりたい自分」になる！

失敗が心配なら成功に注意を向けよ。

失敗が心配なら、成功に注意を向けなさい。病気が怖いなら、完全なる健康について考えなさい。事故が怖いなら、神の案内と保護について考えなさい。死が怖いならば、永遠の生命について考えなさい。神は大生命で、それはいま、あなたの生命です。

「置き換え」という大法則が恐怖への解答となりましょう。あなたが恐れることは何でも、あなたの願うものという形で解決できるのです。病気だったら健康を願うのです。恐怖という牢獄にいるのならば、恐怖からの自由を願うのです。

よきものを期待しなさい。心の中でよきことに集中しなさい。そして、自分の潜在意識は常にあなたに答えてくれるということを確信しなさい。それは、やりそこねるということがありません。

私の知っている貧しい秀才がいました。その学生は非常に経済的に困難な状況にあったので、しょっちゅう、卒業するまで学資の工面ができるかどうか、それを心配しておりました。頭のよい男ですが、その心労のため、思うように学業が進まない時もあるように見受けられました。

私はこの学生に「将来、本当になりたいものは何なのか」と聞きました。彼は外国文学の学者になりたいと言いました。それで、私は彼に、自分が講義しているところ、自宅の書斎で研究しているところ、外国の大学に留学しているところを想像し、目先の心配はやめるようにとすすめました。

特に、自分の将来の理想的書斎の設計図をグラフ用紙に描くよう言いつけました。彼はこうすることが気に入ったようでした。

彼には奇跡的なことが次々に起こりました。奨学金に恵まれ、しかも外国の大学にも留学できました。彼は学生時代に設計したような書斎で研究しています。彼がお金のことばかり心配していたら、大学卒業もあぶなかったでしょう。

100

潜在意識に〝年だから〟の言い訳は通用しない!

あなたの人生で最も生産的な年が、六十五歳から九十五歳までということもありうるのだ。

あなたの潜在意識は、決して老いることがありません。それは時間を超越し、時代を超越し、終わることがありません。それは宇宙のはじめから存在していた普遍的生命の一部であって、決して死ぬこともありません。

たとえで言ってみましょう。潜在意識は大海の水のようなものです。それは限りなく広く、限りなく深いのです。

その大海の表面には、たえず波が立っています。その個々の波が個人個人の意識する心です。一つひとつの波は、それぞれ形が違います。しかしそれは結局、大海の表面であって、同じ物の仮の相にすぎないのではありませんか。

波はしばらくして必ず消えます。宇宙が始まってから、どれだけの人間が生きたでしょうか。すべて消え、またすべて生ずるのです。どの波も消えます。そして、どの波も生じます。今ある波が消えても、悲しむことがあるでしょうか。どっちみち、同じ大海の水になり、また波になるのです。この大海にくらべられる潜在意識に頼ることによってこそ、一つひとつの波である私たちは安心立命を得て、充実した、幸いなる人生を生きることができるのです。大海が老いを知らぬように、潜在意識にも老化はなく、あなたの心は永遠であります。

オハイオ州シンシナティ市の医師の一グループは、加齢によって老化現象が起こるのでないという研究結果を発表しました。心や肉体に有害な影響を与えるのは、時間に対する恐怖であって、時間そのものでないというのです。

ダーウィンやカントも、重要な仕事をしたのは六十歳を超えてからです。三井家の開祖も、本格的に商業活動をしたのは六十歳以後です。油絵の地主悌助《じぬしていすけ》画伯が、画業に専心されたのは六十五歳です。画伯は「石ころを見ていると、石ころの心と自分の心がすっと一つになる」と言っておられます。潜在意識を芸術の面から喝破された名言として、記憶したいと思います。

◆大島淳一の覆面を脱ぐにあたって

——渡部昇一

私がマーフィー博士の著書と出会ったのは今から四十数年前、一九五〇年代の後半である。私はその時、ドイツ留学を終えてイギリスに留学していた。休日にはよくオクスフォードからロンドンに遊びに出たものだが、その時、とある本屋でマーフィーの本を立ち読みしたのであった。

ドイツの学生寮には東ドイツから逃げてきた学生が何人もいたし、またハンガリー事件（一九五六年）でソ連軍の戦車に鎮圧され、命からがら逃げてきたハンガリーの学生たちと学生食堂でよくいっしょになった。

その頃の日本では、まだソ連や東ドイツの体制を礼賛する人たちや政党が有力だったが、ドイツではそんな妄想が存在する余地がないことを私は体験したのだ。そして、なぜ、このように多くの青年が西ドイツに逃げてくるのか（あまり多く逃げてきたので後にベルリンの壁が作られ、それが壊されたのは一九八九年である）と考えざるを得なかった。そして明らかな答えが浮かび上がってきた。

それは、東側（旧ソ連、東ドイツなどの社会主義圏）の国々は「自分の志」や「自分の夢」を実現しにくい体制であるらしい、ということであった。独裁的政党が国民に命令を出す、あるいは指示を出す。その路線以外に個人が自分の夢を追求することは悪とされる。個人の夢は、党の方針の中で出世するよりほかには、ほとんど実現の可能性がないということを実感した青年たちは、命がけで国境を越えて自由な西ドイツに逃げてくるというのが実情であるように思われた。

このような無数の事例を身近に観察したので、自由主義の国というのは、個人が自由に自分の夢を追うことが「よいことだ」とされる国である、という平凡な事実を私は実感したのであった。

この事実は、私の幼少年時代の体験をも、よく説明できる。私が小学校を卒業する時までは、まだ日本の学校は自由であったが、小学校が国民学校に切り替わる頃から自由主義が悪いもののように言われるようになった。個人の商売も「国策」、つまり戦争している国の方針に役立たないものは片っ端から廃業させられたり、別の企業と合併させられたりもした。私は子供の頃から、よき時代の『キング』とか『幼年倶楽部』とか『少年倶楽部』を読んで育ったので、明治以来の「立志」を「よいこと」と思い込んでいた。「立身出世」も美談であった。

それが昭和十五（一九四〇）年頃になると、個人のそういう勝手なことはよくないという雰囲気になり、国家が、あるいは社会の雰囲気が「よい」と認めること以外の道は許されないような感じになってきた。

昭和十八年に私が旧制中学に入学した時、クラスの生徒たちは将来の志望を聞かれた。その時、ほとんどの生徒が「軍人になる」、「（戦争に役立つ）科学者になる」と答えた。たった一人、私だけが「文士になる」といって修練の先生を喜ばせたが、「変わった奴」ということになり、文士があだ名にもなった。

後からわかったことだが、あの頃の日本は国家社会主義体制であり、国が個人の夢や志の方向を規定していた時代だったのである。そんな体験があったことから、東側の青年たちも「同じ目にあっているな」と理解できたのであった。

個人が自分の身の志を立て、夢を持つことの重要さを明治の初めに教えてくれたのは、サミュエル・スマイルズの『西国立志編』（中村正直《まさなお》〈号は敬宇《けいう》〉が

『セルフ・ヘルプ』をそう訳した。現在は竹内均訳『自助論』三笠書房刊で読める）であったろう。この『自助論』は明治、大正の青年のバイブルであった。私も戦後、この本を読みたくなって、神田の古本屋で原書を買い、大学三年生の頃に読了した。戦後の日本でスマイルズを原書で読み返した学生は、おそらく私一人だったのではあるまいか。そんな下地があったので、ロンドンの本屋でマーフィーに出会った時、これこそ新時代の自助論ではあるまいかと思った。

帰国したら早速、日本語に訳してやろうと考えたが、私の立場は明治初年の中村敬宇とは違っていた。日本に戻ればペーペーの駆け出し講師であり、上の先生方はつい四、五年前まで私が授業を受けていた方々である。そんな若造が人生の教訓みたいな本を出すことは気がひける。それで、ペンネームの由来にはちょっとしたエピソードがあるのだが、大島淳一の名前で産能短大出版部から出版されたのが、日本の読書界にマーフィーが登場した始まりである。

その後、何年かして、私は人生論的なものも実名で書くようになった。年を取るということは、人生論を書いてもよい、という特権を得ることにも連なる。また、私は専門の方でも業績を上げていたから、本職を怠けて人生論をやっているという批判もなかったようである。それに私としては、大学紛争など、全体主義的・社会主義的イデオロギーにとらわれている若い人たちの一人でも多くに、「自分の夢」を大切にすることを説きたかったのである。

大島淳一の名前の訳書や著書は、その後も版を重ねつづけて今日に至っているが、そのペンネームは何となくそのままになっている。表題の名前はそのままにして続けることにするが、私も去年、古希を迎えた。そろそろ渡部昇一が大島淳一というペンネームを使ってきたということを読者に明かしてもよいのではないかと考えたわけである。

マーフィーの最初の訳が出てから半世紀に近い。これら私が関係した書物を読んで損をしたという読者がいなかったことを願い、かつそう信じている。

本書は、産能大学出版部より刊行された単行本を文庫収録にあたり再編集したものです。

ジョセフ・マーフィー（Joseph Murphy）
精神法則に関する世界最高の講演者の一人。神学、法学、哲学、薬理学、化学の学位をもっている。テレビやラジオを通じて、またヨーロッパ、オーストラリア、日本など各国において精力的に潜在意識の活用について講演活動を行なうかたわら、多数の著書を執筆し世界的にその名を知られている。一九八一年年没。

大島淳一（おおしま・じゅんいち）
本名・渡部昇一。上智大学名誉教授。深い学識と鋭い評論で知られる。著書に『自分の壁を破る人　破れない人』『「人の上に立つ人」になれ』『ものを考える人　考えない人』（以上、三笠書房刊）『英語学史』『知的生活の方法』、訳書に『自分のための人生』をはじめとするW・ダイアーのシリーズ、J・マーフィーの『マーフィー　眠りながら巨富を得る』（以上、訳書は三笠書房刊）、『眠りながら成功する』など、多数がある。

知的生きかた文庫

マーフィー 100の成功法則《せいこうほうそく》

著者　大島淳一《おおしまじゅんいち》
発行者　押鐘太陽
発行所　株式会社三笠書房
〒一〇二-〇〇七二 東京都千代田区飯田橋三-三-一
電話〇三-五二二六-五七三四〈営業部〉
〇三-五二二六-五七三一〈編集部〉
http://www.mikasashobo.co.jp
印刷　誠宏印刷
製本　若林製本工場

ISBN978-4-8379-7172-6 C0130

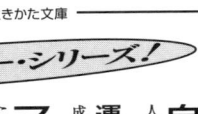